# TESLA

## EL ADN DE LA
## DISRUPCIÓN

# ENRIQUE LLANES RUIZ

# TESLA
## EL ADN DE LA DISRUPCIÓN

MADRID | CIUDAD DE MÉXICO | BUENOS AIRES | BOGOTÁ
LONDRES | NUEVA YORK
SHANGHÁI | NUEVA DELHI

Colección Acción Empresarial de LID Editorial
www.LIDeditorial.com

A member of:

businesspublishersroundtable.com

© Enrique Llanes, 2021
© Editorial Almuzara S.L. 2021 para LID Editorial, de esta edición.

EAN-ISBN13: 978-84-11310-00-0
Directora editorial: Laura Madrigal
Corrección y maquetación: Alfonso Orti
Diseño de portada: Juan Ramón Batista
Impresión: Cofás, S.A.
Depósito legal: CO 387-2022

Impreso en España / *Printed in Spain*

Primera edición: marzo de 2022

Te escuchamos. Escríbenos con tus sugerencias, dudas, errores que veas o lo que tú quieras. Te contestaremos, seguro: info@lidbusinessmedia.com

# Índice

# Prólogo

Sinceramente, no soy un gran fan del mundo del motor. No me gustan las carreras de Fórmula 1 ni de motociclismo y nunca he pretendido tener el último modelo de coche. ¡Qué demonios!, ¡ni siquiera me gusta conducir! Pero, en los últimos años, ha aparecido una empresa en el sector automovilístico que ha captado mi atención y, poco a poco, ha despertado mi interés. Al principio, parecía ser un actor más en el mercado diseñando un vehículo como todos los demás, aunque con otro sistema de propulsión; sin embargo, a medida que ha evolucionado, ha quedado claro que Tesla no es solo otra empresa de coches, sino que se ha convertido en toda una compañía tecnológica.

Y es que sí soy bastante fan de la tecnología. El último coche, no, pero tener el último teléfono móvil, eso sí me gusta. Por eso, cuando la mayoría de los analistas de Wall Street catalogan a Tesla como una empresa de automóviles y no se explican por qué está valorada por encima de los líderes actuales del sector, de empresas que venden veinte veces más coches que ellos, a veces pienso que no saben ver más allá. ¿Cómo unos tipos tan listos, que se llevan todo el día analizando números y pendientes de las novedades de los mercados, no están viendo lo que ocurre? ¿No están viendo el gigante en el que esta marca se va a convertir?

Cuando preguntas a la gente de la calle sobre Tesla en 2021, todavía, la mayoría ve solo una empresa de coches eléctricos. No ven lo que hay detrás de la tecnología que hace a estos coches tan especiales; cómo el afán por conseguir mejor autonomía está llevando al desarrollo de baterías capaces de almacenar la energía del sol; cómo la obsesión por hacer los coches más seguros está propiciando la puesta en marcha de tecnologías de inteligencia artificial que cambiarán nuestras vidas; cómo la ambición de mejora de experiencia de usuario sobre lo que proponen Apple y Google en materia de entretenimiento a bordo es la semilla de un nuevo ecosistema de *software* para el automóvil que nos atrapará durante años.

Si tú eres de los que no acaban de comprender este fenómeno, dame dos horas para contarte lo que sé, lo que veo al asomarme por la ventana del futuro, y acabarás viendo lo mismo que yo: cómo la creación de un genio que quiere hacer de este mundo un lugar más sostenible está revolucionando sectores clave de nuestra economía y con mucha ventaja sobre sus posibles competidores, y cómo se está convirtiendo en la que, indudablemente, será la empresa más grande del mundo.

# Introducción

En las últimas décadas, hemos vivido varias transformaciones sustanciales que han cambiado nuestras vidas. Estos cambios, que llamamos disruptivos, revolucionan la forma en la que hacemos las cosas gracias a la innovación y el desarrollo de nuevos productos y servicios, los cuales se van introduciendo poco a poco en nuestras vidas y llega un momento en que inundan el mercado y son adoptados por la mayoría de la población, dejando a los que sustituyen obsoletos en muy poco tiempo.

En los 60 y 70, fueron la televisión y los medios de comunicación los que cambiaron la forma de informar y comunicar. En los 80 y 90, fueron los ordenadores personales, que inundaron hogares y oficinas para transformar por completo nuestra forma de trabajar. En los 2000, Internet supuso una revolución en las relaciones y colaboraciones entre las personas, y en los 2010, los dispositivos móviles han unificado las comunicaciones en un dispositivo portátil que podemos llevar siempre con nosotros. Cada nueva tecnología ha inundado nuestra vida de forma más rápida que la anterior.

Todos estamos expectantes por saber cuál será la tecnología estrella de la década de los 2020. Yo creo que en estos años habrá dos innovaciones que cambiarán el mundo tal como lo conocemos.

Por un lado, será la década de una gran revolución energética, en la que sentaremos las bases para dejar de depender de los combustibles fósiles; y, por fin, conseguiremos la tecnología para parar las emisiones de $CO_2$ a nuestra atmósfera, reduciendo el efecto invernadero y el cambio climático. Será un proceso de mucho más de diez años, pero en esta década pondremos en funcionamiento las industrias necesarias para iniciar el cambio.

Esta nueva revolución viene de la mano del abaratamiento de los equipos de producción de electricidad que obtienen su energía de fuentes renovables que ya llevamos usando varios decenios: la eólica, la solar térmica y la solar fotovoltaica. De estas, la que más ha evolucionado y se ha abaratado de forma más drástica es la solar fotovoltaica, y es que ya empieza a ser más barata de instalar y de explotar que antiguas tecnologías como la de las centrales térmicas de carbón o fuel. Además, la fiebre del autoconsumo está consiguiendo que, por primera vez, los consumidores produzcamos nuestra propia energía. El otro gran sector consumidor de combustibles fósiles es el del transporte: el motor de explosión ha tenido tanto éxito que lleva dominando el sector más de cien años, e incluso, en los últimos veinte, ha continuado innovando con motores más eficientes y baratos. Con todo, por desgracia, ya no podemos permitirnos seguir usando estas tecnologías de los siglos XIX y XX para abastecer un mundo cada vez más hambriento de energía y que está *enfermando* a pasos agigantados.

Hasta hace unos años, parecía imposible sustituir los combustibles fósiles por otras formas de producción de energía renovables, dado que son discontinuas y caprichosas por cuanto dependen de los vientos y la luz del día, de los saltos de agua y otros factores, a veces impredecibles y difíciles de controlar. Hay días en los que se da un excedente de energía y otros en los que, prácticamente, no se obtiene ningún rendimiento. Algo parecido pasaba con el transporte: los primeros vehículos eléctricos eran caros, lentos y con muy poca autonomía, por lo que resultaban poco atractivos frente a los baratos y rápidos vehículos con motor de combustión interna.

Tanto los problemas de continuidad en la producción energética como los de potencia y autonomía en el sector del transporte tienen su origen en las baterías existentes, que son caras de producir y difíciles de reciclar, después de su corta vida útil, con la tecnología que teníamos hasta ahora. La industria lleva años innovando en las tecnologías de las baterías para poder acumular la energía y utilizarla cuando haga falta de forma rápida y limpia, así como para aumentar ese citado tiempo de vida útil y sus ciclos de carga.

Por otro lado, no dejemos al margen la otra gran revolución de esta década: la inteligencia artificial (IA). Con el crecimiento exponencial de los sistemas informáticos y las nuevas técnicas de aprendizaje profundo, la inteligencia artificial está penetrando en todos los sectores de la industria. En los próximos años, estos sistemas «inteligentes» invadirán cada aspecto de nuestras vidas y serán omnipresentes en todo lo que hagamos; será lo más parecido a otra «revolución industrial», donde nuevas máquinas se ocuparán de realizar cientos de trabajos que ahora solo los humanos pueden hacer. Los robots dirigidos por el *software* basado en IA serán capaces de reconocer su entorno, comprender nuestro lenguaje de forma natural y tomar decisiones gracias a la información de la que disponen. Con el tiempo, su tasa de éxito será sobrehumana.

En estos últimos años, una empresa ha ido, poco a poco, conquistando terreno en los campos de la energía y la inteligencia artificial, creando productos y servicios que están resolviendo muchos de los problemas más difíciles en relación con la sostenibilidad y la robotización. Una empresa con la noble misión de «acelerar la transición del mundo hacia la energía sostenible» y que ha desarrollado sistemas de almacenamiento de energía fiables y duraderos, los cuales son capaces de acumular los excedentes de las fuentes renovables y entregar esta energía cuando se necesita. Que ha desarrollado vehículos mucho mejores que los de combustión y totalmente libres de emisiones en su funcionamiento, con una ingeniería muy superior a la de las corporaciones actuales y que, en pocos años, estará muy por delante de todas ellas. Una empresa que, en breve, será líder en sistemas de IA haciendo que sus ordenadores puedan «ver» el mundo tal como lo hacemos las personas.

En el camino de esta transición que quiere liderar, ganará montañas de dinero. Las industrias involucradas en el suministro de energía, la fabricación de automóviles y las tecnologías ligadas a la inteligencia artificial son muy lucrativas en un mundo que, hambriento de energía, necesita mover personas y mercancías de manera continuada. Estos sectores nunca han parado de crecer y lo seguirán haciendo en el futuro.

Pero ¿puede esta empresa, a pesar de la dificultad de tales desarrollos, convertirse verdaderamente en la más grande del mundo?

Si miramos la lista de las mayores compañías del mundo por facturación en las últimas décadas, de las veinte primeras, siete son energéticas —principalmente de la industria petrolera—, cinco son de la industria automotriz y el resto son financieras, aseguradoras y tecnológicas. Tesla va a competir, directa o indirectamente, con prácticamente todas.

— Con las petroleras, porque va a desarrollar sistemas de transporte (en principio, coches y camiones) que van a quitarles una gran parte de su mercado. Más allá, las tecnologías de captación y almacenamiento de energía solar van a dejar obsoletas a las centrales térmicas de carbón, gas y fuel, que desaparecerán gracias a las alternativas renovables y a la presión de los objetivos de emisiones de los Estados.

— Con las automotrices, porque está fabricando coches innovadores que obligarán a esta competencia a salir de su oligopolio del motor de combustión y a desarrollar nuevas tecnologías de propulsión eléctrica.

— Con las aseguradoras, porque va a hacer una importante incursión en el seguro de automóvil gracias a los datos de que dispone de su propia flota, que le permitirá calcular las primas de forma mucho más precisa.

—Con las tecnológicas, porque va a desarrollar sus propios chips, su propio *software* y sus propios modelos de aprendizaje profundo sin contar con ellas. Porque tiene todo el conocimiento, los sistemas y los datos para ser líder de esa «energía del futuro» que será la inteligencia artificial.

Y, por ahora, todo apunta a que lo que hace lo está haciendo antes, más rápido, más barato y mejor que su competencia.

Tesla es lo que podemos denominar una empresa disruptiva. Está desarrollando tecnologías que cambiarán la forma en la que entenderemos los sectores en los que está presente; tecnologías que podrían reemplazar por completo a las actuales y que, si su competencia no se pone a la altura, podría ocasionar la desaparición de esta, como ya pasó con Kodak y Nokia, que no se supieron adaptar y fueron arrollados por nuevas formas de hacer las cosas.

El sector de la energía mueve anualmente cantidades astronómicas de dinero en el mundo. Lo mismo el de la automoción, el de los seguros y el tecnológico, que suman cifras de negocio multimillonarias. En todos ellos, Tesla tendrá una parte muy importante del pastel en los próximos años, gracias a sus patentes, desarrollos y trabajo actuales.

# 1
# EL PLAN MAESTRO DE TESLA

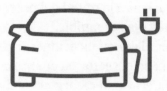

En 2006, Elon Musk publicaba, en el blog de una desconocida empresa de automóviles, un artículo titulado *The Secret Tesla Motors Master Plan (just between you and me)* [«El plan maestro secreto de Tesla Motors (solo entre tú y yo)»]. En él desvelaba su hoja de ruta para generar soluciones sostenibles dentro de su actividad económica y alcanzar el objetivo de cero emisiones.

Tesla estaba embarcada en la fabricación de un vehículo superdeportivo que pudiera competir de tú a tú con un Porsche o un Ferrari. Pero el coche de Tesla, llamado Roadster, no iba a tener un motor de combustión interna como su competencia, sino que sería 100 % eléctrico. Por entonces, ya había habido varias empresas que habían diseñado coches eléctricos de batería, aunque de escaso interés comercial por su bajo rendimiento y autonomía. Eran coches aburridos de conducir y caros de comprar y mantener.

Elon lanzaba la pregunta de si otro coche de altas prestaciones haría algún bien al mundo y si supondría una diferencia en las emisiones globales de $CO_2$. La respuesta que él mismo daba a estas preguntas era «no y no mucho (...), a no ser que entiendas el plan maestro secreto». La estrategia de Tesla era entrar en el mercado de alta gama, en el que los clientes están dispuestos a pagar un precio extra, y, luego, utilizar los beneficios generados para ir conquistando los mercados inferiores, con propuestas más económicas y modelos más asequibles y de prestaciones más moderadas. Ya entonces, Musk sugería que el siguiente modelo sería un sedán familiar de cuatro puertas a la mitad del precio del Roadster, y que el tercero sería incluso más asequible.

El escrito también daba explicaciones a las dos grandes preocupaciones que había en el sector en cuanto a la fabricación de un coche eléctrico: la batería y su recarga con el *mix* energético de la época. Elon explica cómo la batería puede reciclarse y reutilizarse para otros usos tras su tiempo de vida, y cómo, hasta con el *mix* energético de ese año en EE. UU., un vehículo eléctrico podía conseguir unas emisiones entre tres y cuatro veces menores que los más ecológicos del momento (el Toyota Prius o los Honda CNG). Además, habla de otra empresa a la que estaba financiando, llamada SolarCity, que fabricaba paneles solares con los que se podrían bajar esas emisiones: ponía el ejemplo de un pequeño panel muy económico que podía generar electricidad para unas 50 millas diarias (80 km aproximadamente); si no necesitabas hacer más de 350 millas a la semana (unos 560 km), podrías resolver tu necesidad de transporte sin depender de la red, y con electricidad 100 % renovable producida *in situ*.

Muchas cosas pasaron entre 2006 y 2016, año en el que Elon Musk volvió a publicar un artículo en el blog de la compañía, con el título, en este caso, de «Plan maestro, parte dos».

Comenzaba esta nueva entrega diciendo que tuvieron que empezar construyendo el Tesla Roadster porque fue todo lo que se pudo permitir con las ganancias de la venta de su anterior compañía, PayPal. Pensaba que las opciones de éxito eran tan bajas que no quiso arriesgar el dinero de nadie más. También hablaba de lo difícil que es fundar una empresa de automóviles, y apuntaba que las dos únicas del sector que no habían quebrado en esa fecha eran Ford y la suya. En sus propias palabras, «Fundar una empresa de automóviles es idiota, y una empresa de automóviles eléctricos idiota al cuadrado».

Estas son las claves de los movimientos futuros de Tesla:

1. LA FUSIÓN CON SOLARCITY. Con tantas sinergias, Elon pensaba que las empresas deberían unirse para ofrecer un producto único: paneles solares con baterías.

2. EXPANDIR Y CUBRIR TODAS LAS FORMAS DE TRANSPORTE TERRESTRE. Con los modelos actuales y una *pick-up* para el mercado de consumo. En ese momento, Elon pensaba que no haría falta un modelo más simple que el Model 3, por la mejora en los procesos de fabricación y su menor coste previsto. Seguramente, estaría centrado en el mercado norteamericano; en Europa y en Asia, los coches compactos son superventas. Hoy sabemos que, finalmente, Tesla sí va a presentar un modelo más pequeño que el Model 3. Además del mercado de consumo, Musk también hablaba de dos vehículos más: un camión pesado y un vehículo de transporte urbano de alta densidad.

3. CONDUCCIÓN AUTÓNOMA. Con la mejora del *hardware* y el desarrollo de *software* basado en los datos, los sistemas de conducción autónoma serían más seguros que un conductor humano. La etiqueta «beta» del *software* actual de conducción autónoma se eliminará una vez que el sistema sea, al menos, diez veces más seguro que la media de los vehículos que circulan en EE. UU.

4. COMPARTIR. Cuando las autoridades aprobasen la conducción autónoma real, podrías pedirle a tu coche que viniera a buscarte y circular mientras leías o dormías. Además, podrías ceder tu coche a la flota de Tesla y ganar dinero mientras trabajabas o estabas de vacaciones.

Leyendo estos dos artículos del «plan maestro» en 2021, y viéndolos con perspectiva, nos damos cuenta de que Elon Musk tenía las ideas muy claras desde el principio y las ha ido desarrollando paso a paso. Aún quedan algunos desarrollos de la parte dos por completarse, pero la ambición y el compromiso de esta compañía no parece tener límites. Parecen dispuestos a mantenerse fieles a su misión de «acelerar la transición del mundo hacia la energía sostenible», a toda costa y a toda velocidad.

Elon ha declarado que Tesla le ha quitado muchas horas de sueño, que ha supuesto una preocupación infinita. Y no es ningún secreto que la compañía estuvo a punto de ir a la quiebra durante la producción a escala del Model 3. Sin embargo, diríase que, en los últimos años, ha dado los pasos necesarios para afianzar su posición financiera y asegurar su viabilidad, mediante la obtención de beneficios, un flujo de caja positivo, acceso a financiación y una venta constante de sus productos.

# 2
# PRODUCCIÓN

## ¿De dónde venimos? Producción de vehículos de combustión interna

Cuando hablamos de producción en una empresa como Tesla, estamos hablando de una nueva forma de fabricar automóviles. La producción de vehículos de combustión interna es un proceso que ha mejorado con los años y se ha optimizado hasta un límite de casi perfección en las últimas décadas.

La elaboración de una máquina tan compleja como un vehículo de combustión ha llegado a un nivel de especialización tan avanzado, en más de 100 años, que parecía que había alcanzado su máximo de optimización productiva. Tanto es así que solo unas pocas compañías en el mundo pueden fabricar a escala y a un precio competitivo el elemento más complicado, que es el motor de combustión en sí, del cual los últimos avances en electrónica han hecho una pieza de maquinaria increíblemente sofisticada, eficiente y duradera.

Con todo, a pesar de ser este sector uno de los más intensivos en cuanto a inversión en innovación, investigación y desarrollo, Elon Musk ha declarado en varias ocasiones que la fabricación de vehículos puede experimentar una mejora de eficiencia y productividad varios órdenes de magnitud por encima de la actual. Y es que, en 2021, las empresas de automoción de toda la vida trabajan con un modelo de mucho volumen y poco margen (al haber ajustado sus precios por la fuerte competencia), y solo nuevas formas de producción pueden sustituirlo por uno más parecido al que tienen las tecnológicas, de abultados márgenes gracias a la diferenciación de sus productos y servicios y a su utilidad en nuestra sociedad moderna.

En 2020, Tesla consiguió fabricar más de 500 000 vehículos en sus plantas de Fremont y Shanghái. En 2014, Elon había prometido que pasaría de producir 35 000 coches en aquel año a 500 000 en el mencionado. Un famoso analista le ridiculizó entonces al comprobar que el crecimiento anual necesario para conseguir ese objetivo estaba muy por encima del de cualquier firma automovilística. Ahora, Musk ha declarado que espera producir 20 millones de vehículos en 2030: si esto fuera así, supondría que Tesla fabricaría el doble de unidades que el primer fabricante de hoy, que es el grupo alemán Volkswagen. Si añadimos a la ecuación los márgenes que se pueden conseguir con los avances en la producción que vamos a ver a continuación, los beneficios de la empresa en una década serán astronómicos y su valoración crecerá muy por encima de donde está ahora, habiendo contribuido de forma importante al futuro de la que, creo, será la compañía más valiosa del mundo para el final de la década, aun cuando solo tuviéramos en cuenta el negocio de la automoción.

## The machine that builds the machine

En 2016, Elon Musk se dirigía a los inversores cuando mencionó por primera vez el concepto *The machine that builds the machine* («La máquina que construye la máquina»). La idea está enfocada a una mejora en el proceso productivo jamás vista, que él comparaba con las naves nodrizas alienígenas de las novelas de ciencia ficción. Decía que, cuando las fábricas de Tesla se parecieran «a las naves alienígenas por dentro, entonces sabríamos que lo estamos haciendo bien».

Se trata de diseñar, producir y optimizar el conjunto de máquinas que fabricarán los coches, esto es: para Tesla, las fábricas son un producto más que diseñar y fabricar.

Una vez que las fábricas estén totalmente automatizadas, y sus procesos de producción, optimizados, la elaboración de vehículos será mucho más rápida, eficiente y barata que nunca, pudiendo producir vehículos mucho más avanzados y con mejores prestaciones y seguridad a una fracción del coste de fabricación actual. A este respecto, a una importante firma de inversión que sigue muy de cerca a Tesla, ARK Invest, le gusta hablar de la ley de Wright, *Wright's Law*, para referirse a la manera en que los costes disminuyen en función de las unidades producidas. Y es por eso por lo que el diseño de las fábricas de Tesla se centra en los grandes volúmenes de producción de cara a bajar los costes.

Si nos fijamos en los vídeos que circulan por Internet de las instalaciones, podemos ver cómo casi toda la producción es llevada a cabo por robots. Estos robots, lejos de ser máquinas exclusivamente diseñadas para una sola tarea, son brazos robóticos multifuncionales que se pueden reprogramar para acometer diferentes tareas dentro de la cadena. Además, nos encontramos con otros aparatos, como la *gigaprensa* (*Giga Casting machine*), que realizan tareas mucho más específicas, como la fabricación del subchasis o las piezas de la carrocería.

Uno de los avances más importantes que se anunciaron durante el *Battery Day*, en septiembre de 2020, fue la elaboración de la parte trasera del subchasis del Model Y en una sola pieza, en contraposición a los modelos anteriores de aquel, que, tanto en los coches de otras marcas como en los fabricados hasta el momento por Tesla, constaban de varias decenas de piezas. Este cambio ahorrará varios cientos de dólares en cada vehículo producido y abaratará el mantenimiento de estos. Para poder crear el componente, Tesla ha tenido que crear una nueva aleación de aluminio que resista las condiciones de la prensa y del vehículo durante su vida útil.

Aquí tenemos otro ejemplo del espíritu innovador de Tesla y de su integración vertical. Soluciones como esta nacen de un estudio de mejora de costes de fabricación en el que se constató que las tres partes más caras de un vehículo eléctrico eran la batería, el chasis y el interior. La empresa lleva años buscando cómo abaratar estos tres elementos y ha ido planteando soluciones a todos ellos.

Entre los objetivos de Tesla está la mejora de los procesos de producción. Están convencidos de que crear fábricas gigantescas es la manera idónea de optimizar costes y mejorar el modelo productivo.

La primera fábrica de Tesla se inauguró en Fremont, California, para la fabricación del Tesla Roadster original. Se trataba de una antigua factoría de coches que Tesla compró a Toyota y remodeló para producir el primer automóvil de la marca, con maquinaria de segunda mano que adquirió a buen precio durante el colapso del sector, en los años sucesivos a la crisis financiera de 2008. En ella se han probado y diseñado las líneas de producción del Model S, del Model X, del Model 3 y del Model Y; en 2021, tenía una capacidad de producción de unos 500 000 vehículos al año. El espacio se ha ido ampliando según las necesidades y, aun hoy, es su centro de investigación más importante y el lugar donde se prueban las nuevas líneas propuestas. Además, es la única fábrica de la que salen los vehículos de más alta gama de la firma, el Model S y Model X, que, recientemente, han pasado por un rediseño completo para hacerlos más rápidos, más ligeros, con más autonomía y, sobre todo, más económicos para Tesla, mejorando los márgenes de forma sustancial. Se espera que el rediseño acelere la venta de estos modelos, y, aunque, hoy por hoy, son vehículos marginales en ese ámbito (y más que lo serán a largo plazo), pueden tener una contribución nada desdeñable a los beneficios.

En 2014, empezaron las operaciones de la que la compañía llamó Gigafactory 1. Situada en Nevada, esta primera *gigafábrica* no está destinada a elaborar vehículos directamente, sino que se encarga de fabricar baterías y ensamblar los paquetes de estas y los motores para los vehículos que se producen en Fremont. Además, también fabrica las Powerwall y las Megapack para el negocio energético de la marca. Este complejo, aún inacabado (al 30 %, aproximadamente, en 2021), costará 5 mil millones de dólares, ocupará una superficie de unos 1,2 millones de m² y contará en su cubierta con 200 000 paneles solares, por lo que será la instalación solar más grande del mundo y tendrá un consumo energético «neto cero». Solo con la parte que está operativa a día de hoy, en 2021, ya es más grande que la fábrica de Fremont.

La Gigafactory 2, situada en Búfalo, estado de Nueva York, es otra inmensa instalación donde se fabrican y ensamblan células, paneles y tejas solares y que aún está escalando producción. Es, quizá, la más desconocida de todas las fábricas de Tesla, pero juega un importante papel en el futuro de la empresa debido a la fuerte apuesta realizada con este tipo de productos.

Hasta hace poco tiempo, Tesla tenía que cubrir la demanda de sus automóviles en todo el mundo desde su única fábrica en California. Esto aumentaba el coste de transporte y los aranceles de importación, haciendo los coches más caros para los compradores extranjeros. Todo cambió en 2018, cuando Tesla anunció la construcción de su primera fábrica fuera de EE. UU.: la Gigafactory 3, en Shanghái. Al contrario que la de Nevada, esta sería un centro de producción completo donde se producirían vehículos como el Model 3 o el Model Y desde cero. O sea, que también se fabricarían las baterías y los motores allí.

En 2018, cuando las relaciones comerciales entre Estados Unidos y China estaban más tensas durante el mandato de Donald Trump, Elon Musk llegó a un acuerdo con el Gobierno chino para construir allí su primera fábrica extranjera. China es el primer mercado del mundo en vehículos eléctricos y el principal país manufacturero, por lo que la combinación ganadora está servida.

La construcción de la fábrica, desde la colocación de la primera piedra (en diciembre de 2018) hasta que el primer vehículo salió por sus puertas (en diciembre de 2019), solo llevó 357 días, lo que supone un récord sin precedentes en la industria. La de Shanghái tampoco está acabada aún, en 2021, puesto que, si bien ya están en marcha las líneas de producción del Model 3 (desde 2019) y del Model Y (desde 2021), además de baterías y motores, aún queda mucho terreno por construir, y los rumores indican que el futuro modelo compacto se empezará a producir allí antes de dar el salto a otros mercados. Actualmente, ocupa una superficie cercana al millón de $m^2$, y expansiones futuras harán de ella uno de los mayores centro de producción del mundo, únicamente superada por futuras fábricas de la empresa. Shanghái no solo se encarga de producir Model 3 y Model Y para el mercado local, sino que además exporta parte de su producción a otros países asiáticos, además de a Australia, Israel e incluso Europa, dada la alta demanda de los vehículos Tesla en el mundo y puesto que Fremont apenas puede cubrir el mercado estadounidense. La producción proyectada actual, basada en datos del tercer trimestre de 2021, es de unos 600 000 vehículos al año (mayor que Fremont), aunque los expertos apuntan que su potencial es mucho mayor y podría llegar al millón de unidades.

Como era de esperar, la construcción de estas *gigafábricas* no ha hecho más que empezar. En noviembre de 2019, Elon Musk anunció la localización de otra en Europa, en la localidad de Grünheide, unos 35 km al sureste de Berlín; las labores empezaron a principios de 2020 y se espera que empiece a producir a finales de 2021. Su primer modelo será el Model Y, y, más adelante, fabricará también Model 3. Asimismo, contará con su propia fábrica de baterías, que, a su terminación, será posiblemente más grande del mundo. Su producción estimada, en una primera fase, es de entre 5000 y 10 000 vehículos a la semana para finales de 2022, pese a que, al igual que Shanghái, tiene un potencial mucho mayor, y hay quien habla de unos dos millones de unidades anuales de capacidad máxima.

Los plazos de construcción de la Gigafactory 4, en Berlín, no son tan ajustados como los de Shanghái, lo que seguramente es debido a la burocracia alemana entre otros factores. Durante su planificación y construcción, Tesla está teniendo varios problemas administrativos que han de subsanarse sobre la marcha y que están retrasando el lanzamiento. Se espera que el primer Model Y salga en el primer trimestre de 2022, unos nueve meses más tarde de la fecha inicialmente esperada.

Por último, también en estos instantes se encuentra en construcción la Gigafactory 5, situada en Austin, Texas. Comenzó a edificarse en julio de 2020 y se cree que empezará a producir vehículos en el primer trimestre de 2022, al mismo tiempo de la europea. Esta es la fábrica en construcción más grande de la compañía, tanto que se ha llegado a referirla como Terafactory Texas. Será el lugar de fabricación principal del Cybertruck, aunque producirá también otros modelos como el Y, el 3 y el Semi. De hecho, será el Model Y el vehículo que inaugure la fábrica, a principios de 2022, y queda por ver cuál de las dos nuevas *gigafábricas* —Berlín o Austin— se adelantará en terminar el primero. Austin escalará primero la producción del Model Y a lo largo de 2022, y, a finales, comenzará la correspondiente al Cybertruck. Se estima una capacidad máxima total de unos tres millones de coches al año cuando esté totalmente construida y se hayan montado todas las líneas, proceso que aún llevará unos años.

Pero esto no acaba aquí. Para conseguir la producción que Tesla tiene prevista en los próximos años, todavía se tienen que inaugurar varias *gigafábricas* más. Su número y sus localizaciones son desconocidas; además, dependerán de las posibles ampliaciones de las existentes.

Tanto en Shanghái como en Berlín y Austin, Tesla no está construyendo todo el terreno que tiene disponible. Todo apunta a que reservan amplias zonas para nuevas edificaciones, quizá destinadas a nuevos modelos en el futuro. Principalmente en Shanghái y Berlín, hay fuertes rumores de que se producirá el inédito compacto anunciado por Elon Musk en el *Battery Day* —en septiembre de 2020—, el cual se prevé que será muy popular en China y Europa tanto por su ajustado precio como por su versatilidad en las concurridas ciudades asiáticas y del viejo continente, donde estos modelos son superventas al contrario que en EE. UU., donde se venden coches más grandes.

A fecha de hoy, en 2021, hay rumores de nuevas instalaciones en Estados Unidos, Europa, Asia e incluso África. En países como India se habla, desde hace varios meses, de una posible instalación de Tesla, si bien no queda claro si se trata de una fábrica de coches o de otros productos de la marca, como cargadores o paneles solares; en otros, como Reino Unido, también corren rumores de nuevos desarrollos por parte de la compañía. De todos modos, Elon ha acallado las especulaciones diciendo que hasta 2022 no empezarán a buscar nuevas localizaciones y que hasta 2023 no tomarán decisiones a este respecto. Esto es un claro indicador de que con Fremont, Shanghái, Berlín y Austin pretenden producir todos los vehículos que esperan vender en los próximos 4 o 5 años; cifras que pueden rondar los cinco millones de unidades anuales.

Aún es pronto para asegurarlo, pero Tesla está cambiado la forma en que se fabrican los coches con un modelo de producción que impactará a toda la industria, y puede que se convierta en un proveedor tecnológico para modernizar los equipos y las líneas de fabricación de otras marcas en el futuro. No es misión de Tesla hundir a su competencia, sino colaborar en hacer de este mundo un lugar sostenible. Con procesos más eficientes y menor coste de fabricación, gracias a un uso más eficaz y racional de las materias primas y de la energía, las *gigafábricas* de Tesla están revolucionando la industria, y, por desgracia para los consumidores, la competencia está llegando tarde a esta revolución.

## Baterías

Como ya hemos visto, la batería es el componente más importante de un coche eléctrico y el que, a día de hoy, más influye en el precio de este. Tesla ya es el fabricante del mercado que menos coste tiene por kW instalado en sus baterías; y, aunque la cifra no está clara y es un secreto muy bien guardado por ellos, se estima que en 2020 estaba un poco por encima de los 100 dólares por kWh de capacidad. Solo diez años antes, en 2010, era casi diez veces mayor. En una reciente entrevista, el cofundador de la empresa, J. B. Straubel, hablaba sobre la batería del Roadster original: costaba unos 1000 dólares por kWh.

Desde ese primer automóvil de la compañía, se han ido reduciendo los costes de las baterías poco a poco, pero no se ha producido ningún cambio sustancial en la forma de producirlas. Hasta ahora.

Durante el *Battery Day* de septiembre de 2020, Elon Musk y Drew Baglino (vicepresidente de Ingeniería) declararon que tenían el propósito de reducir a la mitad el coste de las baterías, y, para ello, presentaron una serie de avances tecnológicos. Sorprendentemente, estos avances no son parte de un diseño en un laboratorio, sino que, a unos pocos kilómetros, en el centro de desarrollo de la firma en Kato Road, ya contaban con una instalación de pruebas en producción con el nuevo proceso de fabricación. Hablaron de un nuevo tipo de baterías y de que, gracias a su tecnología y a su forma de instalarlas, podrían rebajar el coste en un 55 %. Esto se consigue con mejoras en todas las fases de fabricación, en el uso de las materias primas y en la gestión por *software*.

En cuanto a las existencias, las baterías son el componente más escaso del que dispone la industria. Hemos llegado a un punto en el que la fabricación de un coche eléctrico de batería (*battery electric vehicle*, BEV) empieza a ser competitiva en los segmentos medioalto y alto y, si no se fabrican más vehículos eléctricos, es porque existe un importante déficit de baterías. Más allá, esto provoca que el precio no siga bajando, por lo que está impidiendo que los coches eléctricos sean competitivos en segmentos más económicos.

El principal problema al que se enfrenta la industria de las baterías es la escala de fabricación. Tesla lo tiene muy claro; lleva años pensando en la forma en que se va a abastecer de baterías para su crecimiento tanto en el sector de los automóviles como en el de la energía, y sabe que, si solo dependiera de terceros para obtenerlas, en unos pocos años, la producción sería insuficiente, por la alta demanda que se dará cuando otros fabricantes escalen la producción de coches eléctricos. El plan de Tesla pasa por continuar comprando a los fabricantes actuales y, al mismo tiempo, escalar la elaboración de baterías en sus fábricas, por supuesto, sin dejar de innovar y desarrollar las baterías del futuro. Para ello está, incluso, asegurando materias primas mediante la compra de explotaciones minera; un ejemplo más de integración vertical.

Y esto es lo que ha hecho en los últimos años: ayudar a sus proveedores a que proyecten y escalen su capacidad productiva para cubrir la demanda, y, al mismo tiempo, innovar y desarrollar la batería que se presentó en el *Battery Day* de 2020, la cual esperan poder fabricar a escala desde finales de 2021 o principios de 2022. Una batería más económica, para abaratar sus coches y conseguir aumentar las ventas en los segmentos a los que aún no ha llegado. En la presentación, aparecía una diapositiva que rezaba: «Para conseguir la transición a la energía sostenible, tenemos que producir coches eléctricos y acumuladores de energía más económicos, mientras que construimos fábricas más rápido y con mucha menos inversión».

Esta innovación debe tener en cuenta todo el proceso, desde la obtención de las materias primas hasta el montaje final en el vehículo, pasando por la elaboración de las celdas y, muy importante, la construcción de las fábricas y los equipos que las producen junto con otros componentes. Y aquí es donde las nuevas baterías 4680 destacan frente a las actuales:

—Primero, porque estas baterías, al menos en una primera fase, se fabricarán en las mismas instalaciones de Tesla y no se comprarán a terceros. Tesla controlará todo el desarrollo y la producción.

—Segundo, porque el diseño cambia a un formato más grande y sin lengüeta, por lo que pueden almacenar más energía y entregarla más rápido al motor.

—Tercero, porque la inversión en equipos y el espacio físico de fabricación son menores, reduciéndose de esta manera los costes de producción.

—Cuarto, porque, a la hora de montar los paquetes de batería, se hará de tal forma que las celdas, las baterías individuales, sean la estructura de la parte central del subchasis, ahorrando espacio y peso en las estructuras que sujetan las celdas ahora.

En algunos vídeos que acompañaron a la presentación se pudieron ver las máquinas que realizaban las celdas, que estarán en las cadenas de montaje de las nuevas *gigafábricas*.

Los elementos necesarios para fabricar las baterías son escasos, caros y, en algunos casos, conflictivos. Es por eso por lo que los fabricantes se han enzarzado en una lucha por conseguir baterías que necesiten menos de esos componentes y puedan reemplazarlos por otros más asequibles y fáciles de obtener. Tesla está utilizando o empezará a utilizar en breve minerales como el níquel junto con el litio, y pretende dejar de usar otros como el cobalto, del que ya ha reducido su dependencia pero que aún es necesario.

A pesar del anuncio de estas importantes innovaciones, Tesla no está esperado a que estas celdas estén disponibles en cantidades suficientes. Con unas ventas de medio millón de coches en el año 2020 y casi un millón en 2021, sus vehículos ya tienen las mejores baterías del mercado. En una comparación publicada por el especialista de la industria Sandy Monroe, se puede observar como el Model 3 y el Model Y tienen la mejor eficiencia del mercado, medida como la autonomía por kWh de batería; así, estos vehículos presentan una relación de unas 4,15 millas/kWh, mientras que otros coches, como el Audi e-tron o el Jaguar I-Pace, pueden recorrer unas 2,5 millas/kWh; y otros más pequeños, como el Chevrolet Bolt, el BMW i3 o el Ford Mustang Mach-E, se sitúan en 3,7 millas/kWh. Si, además, tenemos en cuenta el peso del vehículo (lo que, en cierto modo, pone de relevancia el peso de la batería en sí misma), todos los vehículos de Tesla ya están muy por delante de su competencia.

La producción a escala de las nuevas baterías en las fábricas de Berlín y Austin lleva un poco de retraso, lo que hará que los primeros vehículos fabricados en Berlín lleven todavía los modelos antiguos. No obstante, previsiblemente, formarán parte de un paquete estructural, y, todo apunta a que los Model Y producidos en Austin empezarán a montar las 4680 fabricadas en la línea de producción experimental que lleva funcionando varios meses, y que podrá suministrar a Austin baterías suficientes hasta que, en 2022, su propia línea de producción de baterías esté lista para abastecer tanto al Model Y de finales de 2022 como al Cybertruck, que empezará a producirse poco después. Por suerte, Tesla tenía un plan B —como ya nos anunció meses atrás— para no parar la producción de vehículos en caso de retrasarse las líneas de producción de baterías, como ha ocurrido finalmente.

En la actualidad, las baterías de litio de electrolito líquido son las que usamos en todos los dispositivos electrónicos portátiles (teléfonos móviles, ordenadores y herramientas de mano). En tamaños mucho mayores, también son las que se utilizan en los coches eléctricos de batería de todos los fabricantes.

Como todos los que tenemos un teléfono móvil sabemos, las baterías de litio sufren de una degradación paulatina que depende de varios factores como la velocidad de carga, las condiciones ambientales (principalmente, la temperatura), el tiempo que la batería está cargada al 100 % sin consumo o el número de veces que se agota completamente. El éxito de Tesla al conseguir que sus baterías tengan la mínima degradación posible se basa en el *software* de gestión de esta, que se encarga de predecir cuándo se va a realizar la próxima carga y si esta va a ser de alta o baja velocidad. Gracias al sistema integrado de planificación de rutas, el coche sabe cuándo va a ser la siguiente parada en un supercargador; dependiendo de la temperatura exterior y de la temperatura de la batería, el sistema la acondiciona y la prepara para la carga.

Asimismo, se encarga de comunicar al sistema la velocidad a la que se debe cargar: al principio, a una baja; luego, a la máxima, y, más adelante, a menor velocidad de nuevo, cuando se acerca el final de la carga y a medida que la batería se va calentando.

Este sistema de carga consigue que la degradación sea mínima y permite a Tesla dar una garantía de hasta diez años, así como asegurar que sus últimas baterías pueden soportar más de 10 000 ciclos de carga y descarga para conseguir que el coche recorra más de dos millones de millas (más de 3 millones de kilómetros). Esta cuidada gestión hace que su degradación ya no sea una preocupación para los compradores y que la batería tenga una vida útil superior a la del coche en la que está montada.

Otra estrategia de Tesla para mantener su producción esperada en los próximos años, en los que habrá escasez de baterías, es mantener una amplia gama de clases de baterías con diferentes tecnologías. Dependiendo de las prioridades de cada tipo de vehículo, tendremos baterías para cada demanda: una clase, p. ej., que pueda entregar energía más rápido para los coches Performance y Plaid, que requieren una transferencia eléctrica inmediata y repetitiva para poder cumplir con las rápidas aceleraciones y conseguir el rendimiento que se les pide; otra, más barata, para vehículos como el Semi, que requieren grandes paquetes de batería de varios cientos de kWh de capacidad pero no son tan exigentes a la hora de la entrega de potencia; etc.

En los próximos años, Tesla tendrá que racionar el limitado recurso de los materiales de las baterías para poder cubrir su fabricación. Es muy importante para la credibilidad de la marca ver sus modelos de producción de vehículos en conjunción con su capacidad de fabricación de baterías; cualquier otro modo de entenderlo no sería realista. Esto será así, al menos, durante la década de 2020, hasta que se puedan fabricar baterías al ritmo que se demandan. Hay que tener en cuenta que, hasta hace pocos años, el mercado se limitaba a los dispositivos electrónicos portátiles, que tienen minúsculas baterías en comparación. Que la industria se prepare para fabricar las gigantescas baterías necesarias para la futura demanda de vehículos eléctricos no va a pasar de la noche a la mañana.

La diferencia es que, mientras que el resto de los fabricantes están confiando en proveedores externos para este componente, Tesla prefiere, como se ha introducido, un modelo mixto. Parte de su producción la va a abastecer con proveedores externos, y parte con las baterías que se empezarán a producir en sus factorías siguiendo su modelo de integración vertical, con el objetivo de elaborar el máximo número de componentes posible y, sobre todo, los más críticos y que mayor tecnología necesitan.

Algunos especialistas han manifestado que no se puede llegar a una electrificación completa de la red de transporte con las baterías actuales y que habría que esperar a que otras tecnologías, como la de las baterías de estado sólido, estén disponibles para su producción a escala. Otros piensan que a estas tecnologías les quedan muchos años para estar disponibles y que no podemos esperar.

Las baterías de estado sólido son una tecnología muy prometedora que ofrece una densidad de energía mayor que las baterías actuales, además de ser más seguras y, potencialmente, con el tiempo, más baratas. Hemos visto varias empresas, siendo quizá QuantumScape la más representativa, presentando sus prototipos de baterías de estado sólido, pero, como a Elon Musk le gusta decir, «Los prototipos de laboratorio son fáciles; la producción a escala, muy difícil». No existe un sistema productivo de este tipo de baterías que las haga, ni de lejos, tan baratas como las actuales, y, todo apunta a que no lo habrá a corto plazo. Por ello, todos los fabricantes actuales apuestan por las baterías de electrolito líquido, a pesar de que miran de reojo al futuro. El problema es que necesitamos baterías hoy y no dentro de diez años: el progreso seguirá su camino y, con el tiempo, tendremos mejores tecnologías; sin embargo, no podemos dejar que las expectativas del futuro nos hagan parar la producción. Siempre habrá tecnologías prometedoras en los laboratorios, pero hay que sacar al mercado los mejores productos que podamos fabricar en cada momento con la tecnología disponible. A medida que los nuevos desarrollos de baterías estén preparados para saltar a la producción a escala, las marcas las irán incorporando a sus vehículos.

## Chasis

El chasis es otro componente del vehículo que supone un gran porcentaje de su coste, y, por ello, Tesla piensa que se debe prestar atención a la optimización en su fabricación, con el objetivo de reducir gastos.

Este componente, en los vehículos actuales, se monta a partir de varias decenas de piezas soldadas o atornilladas entre sí, lo que convierte la estructura del coche en una de las piezas más costosas, más exigentes de mano de obra humana, complicadas de fabricar y problemáticas en los controles de calidad. Tesla, con su forma de configurar estos elementos en grandes piezas únicas, con menos despiece, menos soldaduras y menos puntos débiles, está revolucionando la fabricación de los chasis en el sector. El ejemplo más popular es la parte trasera del subchasis del Model Y. En el Model 3, este componente estaba formado por setenta piezas soldadas entre sí; con el nuevo proceso, y gracias a una gigantesca prensa (la más grande del mundo), Tesla producirá esta parte en una sola pieza, y, con el tiempo, se prevé que se pueda fabricar todo el subchasis completo de una vez, dado que hay rumores de que este proceso se trasladará tanto a la parte delantera del Model Y como a la del Cybertruck, disminuyendo los costes de fabricación cuando se escale la producción.

Pero ¿cómo puede un cambio como este suponer una verdadera ventaja competitiva frente a otros fabricantes? Y lo más importante, ¿por qué su competencia no ha hecho lo mismo antes?

Todo el proceso de fabricación de los nuevos modelos de Tesla lleva una marca de innovación, una forma de producir los vehículos que rompe con los estándares del sector. No es que las marcas tradicionales no hayan innovado en estos últimos años; al contrario, las fábricas de coches actuales se han modernizado y los procesos de producción se han renovado para mejorar la calidad de los vehículos y optimizar la estructura de costes. Pero la forma que tiene Tesla de abordar este problema es propia de una empresa que mira las cosas desde otro ángulo, otra perspectiva, sin las ataduras que tienen los fabricantes tradicionales. También esta seña de identidad supone que Tesla haya tenido que inventar estos innovadores procedimientos, para competir en un mundo dominado por marcas a veces centenarias y con amplia experiencia.

La idea de configurar el chasis en solo unas cuantas piezas hace que se simplifique de una manera nunca vista la elaboración de una de las partes más complejas y costosas del vehículo, haciéndolo más simple, eficiente y sostenible. Más allá, supone una ventaja en la seguridad del coche y en el mantenimiento posterior.

Para la fabricación de un chasis tradicional, se necesitan miles de operaciones, entre el estampado, la creación a partir de moldes y otros procesos de obtención de las piezas, la unión de estas mediante tornillos, soldaduras o adhesivos y la manipulación de todas las estaciones intermedias por robots o personal. Aproximadamente un tercio del espacio y la maquinaria de una fábrica está destinado a esta parte del vehículo. Con este nuevo modo de producir la parte inferior del chasis en tres piezas conseguimos varias mejoras:

1. Menos inversión en equipos, ya que las prensas sustituyen a decenas de robots.

2. Menos manipulación de piezas, al pasar de varios cientos a tres las de todo el proceso.

3. Mejor calidad, habiendo prescindido de multitud de uniones y soldaduras.

4. Menor consumo de energía y emisiones de $CO_2$.

En palabras de Riccardo Ferrario, primer ejecutivo o CEO de la empresa que fabrica estas prensas —Idra—, «Un mejor coche a un coste sostenible».

Con todo, primero debemos comprender cómo funciona el proceso de moldeo a presión que se emplea para producir las grandes piezas del chasis del Model Y (y, en el futuro, de otros modelos como el Cybertruck). El moldeo a presión o *die casting* es un proceso de fabricación de piezas metálicas que utiliza un molde dividido en dos partes para alojar metal caliente inyectado a presión y producir, en pocos segundos, una pieza completa. Para sujetar las dos partes mientras se inyecta el metal fundido, hace falta una prensa con una fuerza proporcional a la cantidad de metal que vayamos a inyectar y a la velocidad a la que este se inyecta. El proceso funciona de la siguiente manera:

—Primero, se calienta la aleación de aluminio, creada por el equipo de Materiales de Tesla, a 850 °C. Los subproductos, como el óxido de aluminio, se eliminan, y la aleación se conduce al molde al tiempo que se usan gases para prevenir la formación de óxidos y eliminar impurezas.

—Un robot pulveriza el interior del molde con lubricante para facilitar la extracción de la pieza. Luego, el molde se cierra y se bombea el aire al exterior, con vistas a crear un vacío que ayude al metal caliente a distribuirse de forma homogénea en el interior del molde.

—A continuación, se bombean unos 80 kilos de metal fundido al interior del molde, a una velocidad de unos 10 m/s, llenándolo en unos 100 milisegundos. Estas condiciones de llenado del molde y la presión que la prensa ejerce sobre el mismo permiten la elaboración de piezas más grandes y con paredes más finas.

—Posteriormente, se abre el molde, y la pieza se retira y se sumerge para que se enfríe. Un robot corta el exceso de aluminio y lo recicla inmediatamente para que forme parte de futuras piezas.

—La pieza final se radiografía y se mide de forma automatizada para comprobar su precisión. Después, se corta por láser y se taladra donde sea necesario para su unión con otras piezas.

Una de las claves de este procedimiento es la aleación desarrollada por el equipo de Materiales de Tesla. Está compuesta, principalmente, por aluminio y silicio, que permiten que no sea necesario volver a calentarla y previenen que se deforme.

En el Model 3 original, la parte trasera del chasis estaba constituida por 70 piezas. En las primeras versiones del Model Y, estas fueron sustituidas por apenas dos de aluminio fundido, fabricadas con este método y unidas mediante dos cierres. En los próximos modelos fabricados en Berlín y Austin, el proceso se realizará en una sola pieza, gracias a las enormes y flamantes prensas de 6000 toneladas. La idea es que cada una de ellas produzca unas 1000 piezas diarias, y, dado que se han encargado ocho unidades para cada factoría —cuatro para la parte delantera y cuatro para la trasera—, se puede decir que la capacidad máxima de producción rondará los 1,5 mills. de unidades del Model Y.

También se apunta a que Tesla habría encargado prensas de 8000 toneladas, que posiblemente, se usarían para fabricar las piezas del subchasis del Cybertruck en Austin.

Esta técnica ahorrará algunos miles de dólares por vehículo en un escenario de producción a escala como el que plantea Tesla en el futuro, mejorando los costes y, en consecuencia, los márgenes frente a su competencia, lo que le permitirá bajar los precios de sus productos cuando sea necesario. A mejoras como esta nos referimos cuando hablamos de la innovación en los procesos de fabricación que Tesla está introduciendo.

Pero ¿qué impide que otros fabricantes encarguen sus propias prensas y empiecen a fabricar sus vehículos utilizando este modo de producir? Varias cosas. Por un lado, las patentes que Tesla ha ido adquiriendo durante sus procesos de innovación y desarrollo; aunque la competencia pudiera desarrollar un canal diferente, que no infringiera ninguna de las patentes, aún tendría que adaptar sus sistemas de producción actuales y mejorar las aleaciones de los materiales utilizados para que soportaran la presión del mecanismo. Esto, cuyo desarrollo ha llevado a Tesla varios años, no parece que pueda ser alcanzado en un tiempo razonable por los fabricantes tradicionales, por más que quizá alguna firma de origen chino sí esté investigando sus fórmulas de funcionamiento para copiar este sistema y nos sorprenda con algún producto fabricado con él a medio plazo.

## Interior

Si vemos el interior de cualquiera de los vehículos que circulan por las carreteras hoy día, nos damos cuenta de las cantidad de elementos de que disponen: mandos de control de la conducción (volante con varios botones, palancas varias para indicadores, controles de velocidad de crucero, limpiaparabrisas, control de la caja de cambios, etc.), de la climatización del vehículo (temperatura y caudal de aire, flujo del aire por las distintas salidas de las plazas delanteras y traseras, control de los asientos calefactados, antivaho de la luna trasera y de los espejos, etc.), del entretenimiento y la información de a bordo (volumen, control de las pistas de audio, conexión con el teléfono móvil, fuente de sonido, ordenador incorporado, etc.), y otros controles como la posición de los espejos o los asientos. Durante los últimos años, y de forma especialmente notable en los vehículos fabricados en Europa, da la sensación de que un coche es mejor cuantos más botones, palancas, pantallas y luces interiores tenga, pareciendo el habitáculo la cabina de un avión y haciendo que la curva de aprendizaje sea cada vez mayor y, muchas veces, no se usen todas las funcionalidades.

Para todos estos controles, es necesario diseñar, fabricar, instalar y programar un control o una palanca que gestiona cada función. Es verdad que, en los últimos años, las centralitas electrónicas han simplificado parte del proceso de fabricación, pero sigue siendo una parte muy costosa de la cadena y hace que los controles de los coches actuales sean muy rígidos en cuanto a su funcionalidad, muy poco flexibles cuando queremos cambiar su funcionamiento o cuando el fabricante quiere reasignarlo a otra función. Implica que, en caso de que se den modificaciones en el diseño de futuras versiones del vehículo o se quieran añadir funcionalidades nuevas, haya que alterar la línea de producción. Otras veces, nos encontramos con vehículos de gama inferior en los que hay espacios para botones que no existen en esa versión y que sí se encuentran en las superiores con funciones diferentes.

Tesla ha llegado a una solución muy inteligente para este problema. En lugar de instalar decenas de controles independientes para controlar el vehículo, ha instalado una gran pantalla táctil central desde donde acceder a cada función, lo que permite que los controles se puedan transformar por *software* mediante actualización.

Imaginemos que, en un coche de una marca determinada, hay una pequeña palanca con cuatro posiciones, en la que podemos seleccionar la frecuencia de activación del limpiaparabrisas en caso de lluvia leve. Este control podría indicar, en su posición inicial, un barrido al parabrisas cada 8 segundos; en su segunda posición, cada 6 segundos; en su tercera, cada 4; y en su cuarta y última posición, cada 2 segundos. Para el diseño, se han tenido en cuenta una serie de pruebas en el país de fabricación del vehículo, en distintas condiciones de lluvia. Un año más tarde, se decide que este modelo se va a exportar a un país con distintas condiciones de lluvia, que necesita que haya un modo que genere un barrido cada 15 segundos para un tipo de lluvia muy leve: los coches que se exporten a ese país pueden actualizar su *software* para cambiar la funcionalidad de cada posición; así, las posiciones podrían indicar un barrido cada 15 segundos, cada 10 segundos, cada 5 y cada 2 respectivamente.

En los últimos años, la instalación de centralitas electrónicas en los vehículos ha hecho que esto sea posible mediante el citado *software*, por lo que no hay que cambiar la línea de producción. Acaso, no obstante, en las pruebas realizadas en ese nuevo país se detecte que hacen falta dos o tres nuevos pasos para cubrir los valores intermedios en otros tipos de lluvia, por lo que, en lugar de una palanca con cuatro posiciones, haría falta instalar una con seis o siete; algo que obligaría o a modificar la línea para todas las unidades futuras de este modelo (añadiendo estos nuevos controles) o a tener opciones distintas según el destino de cada unidad. Esto es seguro que encarecería el producto final y añadiría una complejidad extra. Tesla resuelve el inconveniente poniendo los controles en la pantalla central, mostrándolos solo cuando son necesarios y permitiendo que sus ingenieros rediseñen la interfaz cuando sea preciso y envíen la actualización vía OTA (*over the air*) a todos los vehículos, que los mostrarán en función de la ubicación del automóvil. El coste de este cambio es mínimo y permite hacerlo tantas veces como sea oportuno.

El aspecto interior de los vehículos de Tesla es minimalista, y no solo por un gusto estético que puede ser más o menos apreciado por sus clientes, sino porque es más barato y permite mejorar el margen en el proceso de fabricación. Para los clientes europeos que no están acostumbrados a este diseño interior, puede chocar, pero no se puede negar que la funcionalidad es mayor, y la curva de aprendizaje, menor, en este tipo de vehículos. Podemos estar seguros de que este cambio se ha hecho principalmente pensando en el ahorro de gastos.

Otro ejemplo de simplicidad a la hora de diseñar vehículos podemos verlo en la carencia de sensor de lluvia en los coches de la compañía. El sensor de lluvia es un elemento que incorporan casi todos los coches de gama media y alta de todos los fabricantes; es un componente relativamente barato y fácil de implementar en las centralitas de los coches modernos. Cuando el sensor detecta lluvia, ordena al limpiaparabrisas ponerse en marcha: si la lluvia es más intensa, aumenta la frecuencia de barrido del brazo, y, cuando cesa, lo para. Quién podría imaginarse que Elon Musk ordenara a sus empleados a buscar una solución más creativa a este «problema». Pensaba él que, dado que el coche tenía varias cámaras que veían continuamente a su alrededor, solo era cuestión de *software* buscar la manera de saber si estaba lloviendo o no y con qué intensidad. Por ello, pidió a su equipo que hiciera un programa que resolviera la cuestión de la lluvia con la información que proporcionaban las cámaras.

Al principio, los usuarios de Tesla se quejaban de que sus coches no detectaban la lluvia con la misma precisión que los coches equipados con un sensor de lluvia exclusivo, pero, con el tiempo, el *software* ha ido mejorando, y ahora ya es capaz de detectarla con la misma precisión o mejor que otros automóviles. A cambio, el ahorro supone unos cuantos dólares por vehículo, que, multiplicados por la producción esperada en años venideros, son un ahorro de muchos millones. Mientras, la inversión en *software* ya está hecha, y la amortización, entre un gran número de coches, será ínfima.

Este es solo otro ejemplo de la filosofía de Tesla en sus procedimientos de fabricación. En este último, en efecto, la novedad solo significa unos dólares por unidad, pero en adelantos como la batería estructural o el chasis de menos piezas, hablamos quizá de varios miles de dólares por coche. Esto sitúa a Tesla en cabeza en la reducción de costes, que se verá reflejada de dos maneras distintas: en estos primeros años, en los que Tesla está escalando la producción, los ahorros se traducirán en una mejora de los márgenes, dejando más dinero para nuevas inversiones; más adelante, cuando la producción se haya escalado y el resto de los fabricantes empiecen a ser competitivos, Tesla podrá bajar los precios para llegar a un mercado más amplio y vender más unidades.

Estas dos fases en su modelo productivo pondrán a Tesla a la vanguardia del sector.

## Futuros modelos

La gama actual de Tesla consta de solo cuatro modelos en producción. Ha sido un estándar en su modelo productivo: centrarse en menos modelos para optimizar las líneas de montaje y sus fábricas, al contrario que los fabricantes tradicionales, que despliegan una gama mucho más amplia con decenas de modelos y de versiones de cada uno, haciendo que su producción sea mucho más compleja y variada (aunque, por supuesto, a muchos consumidores les encante personalizar su vehículo hasta extremos a veces ridículos).

En las versiones de mayor gama, tenemos los modelos Model S y Model X. Se trata de una berlina de lujo y un SUV (*sport utility vehicle*), también de alta gama, con precios que varían entre los 90 000 € y los 150 000 €, dependiendo del equipamiento, la motorización, los asistentes a la conducción elegidos y unas pocas opciones de llantas, tapicería y color. Estos modelos se han renovado a principios de 2021 y están empezando a escalar en producción a mediados de dicho año.

Los otros dos, el Model 3 y el Model Y, son vehículos similares, pero más pequeños y con prestaciones ligeramente inferiores. En la actualidad, son modelos superventas (principalmente el Model 3, aunque la compañía afirma que el Model Y se convertirá en el de más éxito de la marca, e, incluso, se atreve a afirmar que será el vehículo más vendido del mundo en 2023).

Mientras que el Model S y el X solo se producen en la fábrica de Fremont, California, el Model 3 y el Y se producen en Fremont y en Shanghái y, en breve, se empezarán a producir también en Berlín y Austin (empezando por el Model Y).

Tesla anunció, a finales de 2019, un nuevo modelo de vehículo que aún no está a la venta, llamado Cybertruck. Pertenece a una gama muy popular en Estados Unidos y otros países, aunque no tanto en Europa: las camionetas o *pick-up trucks*.

El Cybertruck es un vehículo muy distinto de todo lo que ha diseñado la empresa en el pasado. Rompe completamente la tendencia de los modelos anteriores y presenta una máquina que parece sacada del mundo postapocalíptico de *Mad Max*. Con una carrocería fabricada al 100 % en acero inoxidable, a partir de paneles de 3 mm de espesor que no se pueden estampar (por lo que solo tiene pliegues rectos, cristales a prueba de golpes —incluso a prueba de balas de armas de pequeño calibre— y un toque ciberpunk), la presentación de este automóvil enmudeció a la audiencia el día de la presentación. Algunos periodistas y aficionados tuiteaban en directo que se trataría de una broma y esperaban con impaciencia la aparición del modelo real.

Pero no: dos años después, en 2021, Elon Musk ha declarado que el modelo de producción será muy similar al prototipo presentado y que ha sufrido apenas algunos cambios menores. Aún hay dudas de cómo será el vehículo definitivo, ya que el mencionado carecía de espejos retrovisores laterales, que eran reemplazados por dos cámaras y dos pantallas, y esto aún no está homologado en Estados Unidos (mientras que sí en Europa). Tampoco estamos seguros de cómo va a funcionar la apertura de puertas, ya que estas carecen de tiradores.

El Cybertruck es el ejemplo perfecto de un artista creando un diseño que le apasiona, a pesar de no ser continuista con los modelos que triunfan en la actualidad. Esta arriesgada apuesta podría ser un desastre, en términos de aceptación por parte del público, o un éxito rotundo, en caso de que a los consumidores les guste. No obstante las críticas iniciales, parece ser que, al final, el modelo ha conseguido una base de *fans* muy sólida y, a juzgar por el número de reservas, todo apunta a que será un éxito. Musk ha declarado al respecto que, aunque representase un fracaso por no ser como los demás, a él no le importa porque le encanta; dice que otras camionetas parecen copias de la misma cosa pero el Cybertruck parece haber sido fabricado por alienígenas del futuro. No hay duda de que esta rareza ha polarizado a los consumidores: o lo amas o lo odias.

Otra característica muy especial de este nuevo modelo es su tamaño, y es que tiene una longitud de 5,88 m, un ancho de poco más de 2 m y una altura de 1,90 m. Para ponerlo en perspectiva, el Model S, que se considera un vehículo muy grande, mide poco menos de 5 m, y una berlina común, como el Audi A4, mide 4,76 m. Estas medidas no son grandes para una *pick-up* y son similares a las del líder del mercado, que es el Ford F-150. Tendrá cuatro puertas y capacidad para seis pasajeros. En cuanto al espacio de carga, que mide unos 2 metros de largo, tendrá una capacidad de 2800 litros cerrado, gracias una cortina de seguridad. Habrá configuraciones con uno, dos y tres motores, tracción a dos o a cuatro ruedas y autonomías que van desde los 400 a los 800 km según la versión.

Aunque, a mediados de 2021, Tesla seguía manteniendo la fecha «finales de 2021» como plazo de entrega para las primeras de las más de 1 000 000 de reservas que algunos analistas han estimado, finalmente, la compañía ha reconocido que el modelo no empezará a fabricarse hasta 2023. También hay aún dudas sobre si este vehículo llegará a Europa y cuándo (a mediados de 2021, la web española de Tesla permite reservarlo), y, más importante, si mantendrá las mismas dimensiones que su versión norteamericana, ya que muchos expertos creen que un coche así sería muy complicado de conducir en las ciudades europeas y que el tipo de carrocería sería muy difícil de homologar en el viejo continente.

Si todo va bien, y con un año de retraso con respecto al anuncio original, a lo largo de 2023 empezará a escalarse la producción de este futuro superventas, al menos en el mercado norteamericano. Parte con unos precios muy competitivos, ya que se ha diseñado, desde cero, pensando en el ahorro de costes; se esperan cifras entre 40 000 y 70 000 dólares según la versión, y altos márgenes de beneficios para la compañía una vez depurada su producción.

Para los otros dos mercados en los que Tesla tiene su mayor base de clientes y fábricas, Europa y Asia, Tesla tiene preparado un modelo con el que pretende democratizar los vehículos eléctricos. Un modelo que aún no se ha presentado en detalle pero del que es oficial que se está trabajando en él, puesto que se desveló en el *Battery Day* de septiembre de 2020. Se le conoce como el modelo de 25 000 $, y aparecía en la presentación que realizaron Elon Musk y Drew Baglino en Fremont. Allí pudimos ver toda la gama de la compañía, y este nuevo vehículo cubierto con una manta.

Debería estar dentro del segmento C y tener un formato *hatchback* y el tamaño de un Volkswagen Golf o un Peugeot 308. Se sabe que se está diseñando en China; también se rumorea que habrá líneas de producción en Shanghái y Berlín, puesto que Asia y Europa son los mercados naturales de esta clase de vehículos. En Estados Unidos, por el contrario, los líderes de ventas son del segmento D, en el que se encuentra el Model 3.

Elon Musk afirmó que estaría disponible en 2023, pero, a principios de 2022, confirmó que aún no tenía fecha de producción. Todo invita a pensar que, una vez más, van a producirse retrasos, y, la mayoría de los entendidos no lo espera antes de 2024. Lo que sí es seguro es que revolucionará las ventas de la entidad de forma parecida a como el Model 3 catapultó las ventas frente a las del Model S.

Por supuesto, este vehículo también incorporará todo el *hardware* de conducción autónoma total y, se adquiera o no en la compra o se contrate o no la suscripción, será un vehículo más circulando y recopilando datos que Tesla podrá utilizar para sus objetivos. Contará con las nuevas baterías 4680 y se rumorea que todo el subchasis podría ser una sola pieza fabricada por una gigantesca prensa.

Además de Asia y Europa, el nuevo modelo podría suponer la entrada por todo lo alto de Tesla en mercados como India o Centro- y Sudamérica. Si bien aún es pronto para estimar su producción en los próximos años, hay analistas que se atreven a calcular que, en 2026, se producirán el doble de unidades que del Model 3 y el Model Y juntos.

El otro modelo de coche que está anunciado, pese a que ha sufrido algunos retrasos, es la renovación del Tesla Roadster. Se presentó en 2017 y debería haber estado disponible en 2020; en 2021, Elon declaró que ya estaba aprobado el diseño final y que las entregas comenzarían en 2022, pero, más adelante, la cita se retrasó a 2023. Este automóvil será un superdeportivo con un rendimiento solo comparable a vehículos de producción diez veces más caros. Su modelo «básico» promete aceleraciones de 0 a 100 en 1,9 segundos, velocidad máxima de 400 km/h y autonomía por encima de los 1000 kilómetros. Aunque la presentación —en septiembre de 2020— y el posterior comienzo de las entregas —en junio de 2021— del Model S Plaid han enfriado las expectativas de este coche, Tesla ha declarado que habrá un paquete adicional (llamado Space X) que lo dotará de propulsores de aire para mejorar su aceleración de 0 a 100 km/h en 1,1 segundos, cifra que alcanza un nivel hasta ahora desconocido para cualquier vehículo de producción actual.

Por último, Tesla está desarrollando un vehículo totalmente diferente a los anteriores y que está dirigido a un sector completamente distinto. Hablamos del Tesla Semi, una cabeza tractora eléctrica de batería. El Tesla Semi es un modelo que lleva ya muchos años proyectado y del que se entregarán las primeras unidades de forma limitada a lo largo de 2022; es una parte importante de la estrategia de la firma, pues resulta fundamental en su misión de lograr la transición a un mundo sostenible, ya que, aun cuando este tipo de vehículos de mercancías solo supone el 1,1 % del tráfico rodado en EE. UU., su contribución en emisiones llega al 17 % del total.

Se trata de un camión para transporte de mercancías al que se puede acoplar un remolque, lo que conocemos en su conjunto como un tráiler. Los datos indican que dispondrá de una gran batería que le dará autonomía suficiente para cubrir las horas de un conductor hasta sus descansos. También se está proyectando una red de «megacargadores» que darán servicio a estos vehículos y que podrán reponer su batería en poco tiempo. En el sector del transporte de mercancías, donde los márgenes son muy estrechos y el combustible representa una parte clave de los costes, cualquier ahorro puede suponer una ventaja competitiva, que Tesla podría aprovechar para renovar las flotas de algunas de las empresas más relevantes. Si este ahorro es sustancial, la demanda del vehículo podría ser enorme.

El resto de los posibles vehículos son únicamente rumores de medios y aficionados. Se habla de una «furgoneta» que podría tener versiones de pasajeros y de reparto comercial, y hasta de un vehículo urbano más pequeño todavía que el anunciado modelo de 25 000 $ y a un precio más competitivo si cabe. Al ritmo de producción de Tesla, no sería de extrañar que alguno de estos futuros automóviles pudiera presentarse en 2023-2024. Elon Musk ha manifestado que, en el futuro, Tesla tendrá modelos en todos los segmentos.

# 3
# INTELIGENCIA ARTIFICIAL

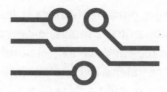

La inteligencia artificial (IA) engloba toda una serie de tecnologías que hacen a las máquinas más capaces a la hora de resolver problemas complejos.

La IA está ya integrada en nuestras vidas a través de empresas como Google, Amazon o Microsoft y en dispositivos como los altavoces inteligentes o las cámaras de fotos de nuestros teléfonos móviles. En las últimas décadas, la potencia de los ordenadores actuales se ha multiplicado de tal manera que se pueden ejecutar tareas realmente arduas en tiempo real.

Sin duda, la técnica que se ha demostrado más exitosa es el «aprendizaje profundo» (*deep learning*). Consiste en alimentar un programa informático con un conjunto muy amplio de datos para que sea la máquina la que vaya construyendo los procesos que den la respuesta esperada, y se puede aplicar a *problemas* clásicos, como jugar al ajedrez, o más complejos, como la visión computerizada o la interpretación del lenguaje natural.

En la década del año 2000 se hicieron grandes avances en la visión computerizada. El desafío de conseguir que una máquina comprenda lo que *ve* por una cámara está más cerca hoy de resolverse, aunque hace apenas unos años parecía irresoluble; fue entonces cuando las máquinas empezaron a asimilar lo que obtenían, pero la velocidad de procesamiento de los ordenadores solo permitía que procesaran fotos, y ni siquiera en tiempo real. Empresas como Google o Facebook empezaron a utilizar las fotografías que sus clientes cargaban en sus redes sociales y sistemas de almacenamiento en la nube para «entrenar» a los primeros modelos modernos de procesamiento de imágenes: gracias a aquellos desarrollos, hoy podemos teclear «playa» o el nombre de un familiar en el buscador de nuestra galería del teléfono móvil para que aparezcan las fotos del verano pasado o de la última celebración familiar.

No ha sido hasta ahora, hasta la década de los 2010, cuando los ordenadores han comenzado a tener potencia suficiente como para *comprender* lo que sucede en la secuencia de imágenes que compone una escena en movimiento. En la tecnología que se necesita para que esto ocurra se está centrando Tesla con el propósito de resolver el reto de la conducción autónoma. Dada la naturalidad con la que las personas percibimos e interpretamos nuestro entorno, podría parecer fácil de resolver, pero vamos a explicar cómo ve una máquina:

Un ordenador utiliza una cámara que capta la información de su entorno. Esta cámara está compuesta por una óptica que enfoca la imagen sobre un sensor, el cual responde tanto a la intensidad de la luz como a los colores; el sensor proporciona información de la imagen al ordenador, en forma de números que representan esa intensidad de luz y color. En realidad, no es muy diferente al modo en que funciona un ojo como el nuestro. Por lo tanto, para una imagen de, digamos, 1000 × 1000 píxeles de resolución (1 megapíxel), el ordenador recibe unos 3 mills. de datos relativos a la intensidad de color verde, azul y rojo de cada punto que compone la imagen. Pasar de estos datos a que el ordenador sepa si la imagen contiene una montaña nevada o el interior de una tienda de golosinas ha supuesto uno de los mayores retos en el mundo de la ingeniería informática, dando lugar al desarrollo de una tecnología completamente nueva.

La IA está en un momento álgido y solo es cuestión de unos años que se convierta en algo imprescindible en nuestras vidas, que formará parte de todo lo que hagamos. El aprendizaje profundo tiene muchas papeletas de resolver problemas como la referida visión computerizada o el procesamiento del lenguaje natural, que, hasta ahora, se resistían a los modelos de programación tradicionales.

## ¿Cómo funciona?

Al contrario del *software* tradicional, que se escribe para que los ordenadores ejecuten una serie de tareas en orden y en el que deben tener en cuenta todos los supuestos, las técnicas de programación basadas en *machine learning* proveen a los ordenadores de una serie de algoritmos que les permiten procesar datos. Al tiempo que la máquina procesa más datos, va refinando su método de comprensión de estos, asignando unos porcentajes de probabilidad al significado de los mismos.

También es importante tener en cuenta el concepto de «red neuronal» para comprender mejor estos procedimientos. Una red neuronal es una arquitectura de diseño de sistemas (*hardware* más *software*) que imita el comportamiento de nuestras neuronas a la hora de procesar la información. Estas neuronas se dividen en capas, y cada capa se encarga de un nivel. Volvamos al ejemplo del procesamiento de imágenes: podemos programar la primera capa de una red neuronal para que busque bordes en los objetos que componen una imagen; mediante algoritmos que detectan las diferencias en contraste, la primera capa de la red puede encargarse de buscar líneas horizontales o verticales, quizá la segunda capa busque las líneas curvas, y la tercera podría estar buscando texturas.

A través del entrenamiento del sistema con imágenes etiquetadas por humanos (imágenes que han pasado por una persona que marca el contenido de la misma), por ejemplo, una fotografía de un cruce en el que hay dos calles con dos carriles cada una, una señal de *stop*, varios coches, peatones y ciclistas; el sistema va identificando cada una de las formas gracias a su contorno, su color, su textura y su posición. De este modo, después de ver mil coches desde diferentes ángulos, de diferentes colores y tamaños, tiene un modelo de cómo es un coche en general. Cuando el modelo entrenado recibe una imagen nueva sin etiquetar, trata de identificar los objetos que contiene, comparando con el modelo entrenado, y asigna una probabilidad a cada uno. Por ejemplo: a un semáforo, podría asignarle una probabilidad de un 93 % de que sea un semáforo, de un 5 % de que sea una farola, de un 1 % de que sea una señal de tráfico, de un 0,5 % de que sea un árbol, de un 0,1 % de que sea un rayo de luz... y así, hasta cotejarlo con todos los objetos que tiene entrenados. Es posible que le dé un 0,00001 % de posibilidades de que sea una vaca si ha analizado imágenes de vacas en el entrenamiento.

Con esta información, el ordenador se programa para que dé por buena su predicción a partir de un tanto por ciento determinado. Hay objetos que tienen más importancia que otros, por lo que este porcentaje puede variar. A medida que el sistema recibe más y más datos en su entrenamiento, se vuelve más fiable, hasta que llega un punto en el que el modelo se vuelve tanto o más fiable que un ser humano.

Entonces, ¿de qué depende esta fiabilidad? Pues depende principalmente de tres cosas:

—De la potencia y capacidad del sistema que se está entrenando. Cuanto más potente sea el sistema, mayor número de datos podrá procesar en menor tiempo.

—Del *software*. La programación de los algoritmos jugará un importante papel tanto en la fiabilidad de las predicciones como en la velocidad de incorporación de estas al modelo.

—De la cantidad y calidad de los datos. Ambas cosas son muy importantes también. La cantidad permitirá al sistema tener una mayor base de datos a la hora de entrenar, y la calidad del etiquetado evitará errores de interpretación.

Nos estamos centrando en el análisis de imágenes porque la conducción autónoma es un problema que depende de la interpretación visual del entorno, pero este sistema de *machine learning* también está dando pasos de gigante en otros problemas que, hasta ahora, eran imposibles de resolver, como el citado procesamiento del lenguaje natural.

OpenAI ha venido presentando en los últimos años un modelo de procesamiento del lenguaje natural llamado GPT, que, entrenado con millones de textos recogidos de Internet, puede predecir con bastante naturalidad la siguiente palabra que debe aparecer en un texto para que parezca escrito por una persona.

Estamos en un momento clave para el desarrollo de esta tecnología. Se dice que el modelo de aprendizaje del que se compone GPT-3 (la última versión de este sistema en 2020) será el último en el que todos los textos han sido escritos por humanos; el contenido escrito en Internet en los próximos años se multiplicará exponencialmente, y llegará un momento en el que habrá más texto escrito por máquinas que por personas, por lo que los futuros modelos de procesamiento de lenguaje natural estarían plagados de escritos de esta índole. Para entonces, esperemos que las máquinas escriban tan bien como los humanos y los futuros modelos no sean sino mejores que los actuales.

Otra cosa que hay que comprender es que el entrenamiento del modelo y la interpretación y toma de decisiones son procesos separados. Por una parte, hay un sistema que se encarga de generar el modelo: es el que recoge los datos etiquetados y los interpreta, creando una especie de base de datos con los resultados ya procesados; y, por otra parte, está el sistema que usa este modelo para tomar las decisiones, ya sea resolver cuál es la siguiente palabra en un texto, si hay que frenar porque hay un peatón cruzando un paso de cebra o qué ficha mover en una partida de ajedrez.

# El problema de la conducción autónoma

Parémonos a pensar un instante en las decisiones que están involucradas en una tarea tan rutinaria como conducir.

Utilizamos nuestros sentidos (principalmente, la vista) para observar nuestro entorno e identificar todos los objetos que nos rodean. Somos capaces, en tiempo real, de predecir con bastante exactitud los próximos movimientos de muchos de esos elementos. Y tomamos las decisiones sobre los controles del coche, en cada momento, para que no choquemos con ninguno de los objetos que nos rodean. Básicamente, conducir es ir del punto A al punto B sin chocar con nada.

Este proceso, que, la mayoría de nosotros hacemos a diario y de forma bastante automatizada (y, a veces, hasta inconsciente), involucra una serie de técnicas muy complejas de reproducir en una máquina. De inicio, porque nuestro entorno lo hemos construido nosotros mismos para ser interpretado mediante nuestra visión; las marcas que hay en la carretera son visuales, pintura blanca sobre asfalto gris o señales de colores vivos con pictogramas que necesitamos ver para poder descifrar las situaciones que nos vamos encontrando en nuestra ruta... pero los ordenadores no son muy buenos *viendo* cosas. Por ejemplo, los sistemas de aterrizaje automáticos no se basan en la visión de las líneas de la pista, sino que reciben unas señales de radio que, en función de la posición del avión, indican al sistema automático cómo tiene que corregir la maniobra. Los sistemas de señalización de las redes de ferrocarril son duales: hay indicadores visuales para los maquinistas humanos, pero el tren recibe mensajes de radio, con una codificación equivalente a las señales, para que el ordenador de a bordo del tren pueda comprenderlas y actuar en consecuencia, por ejemplo, disminuyendo la velocidad.

En el caso de la conducción de coches, sería muy costoso balizar todas las carreteras y todos los objetos que existen alrededor de los automóviles para que comprendan su entorno. Podríamos poner radiobalizas en las líneas de la vía, mensajes de radio que indiquen la señalización (p. ej., si un semáforo está en rojo), y obligar a que todos los coches lleven un transpondedor como los aviones. No sé qué tendríamos que hacer con los peatones, pero, desde luego, sería muy complejo y costoso.

Se podría utilizar un modelo así en entornos controlados, como un carril exclusivo en la autopista o el interior de un recinto cerrado. Ya existen, desde hace años, sistemas automáticos que llevan a los pasajeros desde una terminal a otra en un aeropuerto y por zonas muy concretas de una ciudad. Sin embargo, la mayoría de estos vehículos aún lleva un operador humano para que, en caso de fallo, pueda actuar.

Algo más cercano a la conducción autónoma lo podemos apreciar en las flotas de algunas empresas que se han aventurado a crear vehículos autónomos; tal es el caso de la filial de Alphabet (matriz de Google), Waymo. Google lleva más de una década experimentando con coches autónomos y, en 2021, ha llegado a tener un servicio de taxi en varias ciudades de Estados Unidos, pudiendo llevar a un cliente de un punto A a un punto B sin intervención humana. A día de hoy, no obstante, en casi todos sus vehículos también hay un operador humano sentado al volante, por si hubiera alguna emergencia.

Los vehículos están provistos de la última tecnología tanto en los sensores que captan su entorno como en un modelo entrenado con cientos de miles de kilómetros, lo que les permite tener un comportamiento muy aceptable para tratarse de sus primeros años de actividad. Ahora bien, el objetivo de Waymo no es preparar sus sistemas para funcionar en entornos abiertos (calles y carreteras públicas con tráfico real), sino, más propiamente, en zonas muy estudiadas donde se ha creado una cartografía a medida en alta resolución, que se estudia y analiza continuamente para detectar cualquier cambio. Por este motivo, el coste de entrada de Waymo en nuevas ciudades y países obligará a Alphabet a crear nuevos modelos complejos y no baratos. Este sistema no está diseñado para instalarse en los vehículos comunes.

Pero el enfoque de Tesla es muy diferente. Tesla lleva en su ADN el ahorro de costes siempre que sea posible, y tener que equipar a sus coches con sistemas de visión enrevesados, cartografiar en alta resolución todas las áreas o calibrar sus sistemas ciudad a ciudad, e incluso carretera a carretera, va en contra de su propósito de estar en todos los mercados cuanto antes. Su despliegue sería demasiado lento.

Por ello, Tesla está centrado en entrenar su modelo del mismo modo y con las mismas herramientas que tenemos los seres humanos. Si seleccionas a un conductor y le dejas en una carretera por la que no ha conducido nunca, no tendrá ningún problema en mantener el coche en su carril o en no chocar con otros vehículos, ni en cambiar de carril si hay un coche parado en el arcén o se encuentra una zona de obras más adelante; igualmente, si a una carretera le faltan las líneas indicadoras de los carriles, un conductor bajará la velocidad, pero seguirá sabiendo cuáles son los límites de la carretera y podrá continuar el trayecto sin apenas dificultades. Las personas no necesitamos más sistemas de visión que nuestros ojos, ni acudir a nuevos cursos de conducción en caso de que cambie el trazado de una vía o vayamos a una ciudad desconocida.

Tesla pretende que sus sistemas de conducción autónoma se comporten también de esa manera. Solo con las cámaras con las que van equipados todos sus coches, y con el modelo entrenado (que se va actualizando continuamente), pretende que, en los próximos años, sus coches puedan conducir de manera autónoma y, al menos, tan precisa como un humano. Elon Musk desveló en una ocasión que solo cuando su sistema fuera, como mínimo, diez veces más seguro que un conductor humano quitaría la palabra *beta* del nombre.

Existe una polémica, en el sector de las empresas que se dedican de una u otra forma a resolver el problema de la conducción autónoma, sobre si dotar a los vehículos de múltiples sensores mejora o no la fiabilidad de la toma de decisiones. Mientras compañías como Waymo dotan a sus vehículos de sensores lidar y radar, más allá de las cámaras, porque piensan que cuantos más datos tenga el sistema, más fiable será la decisión, Tesla nunca ha usado lidar en sus vehículos de producción, y, recientemente, ha eliminado el radar para centrarse en una solución que denomina Tesla Vision.

El radar es un sistema de «visualización» del entorno que se basa en emitir ondas electromagnéticas (ondas de radio) para hacerlas rebotar en objetos y calcular su posición y distancia con respecto al emisor. Es una tecnología probada y fiable que se usa en múltiples aplicaciones desde hace más de sesenta años, y que ya presentan multitud de vehículos actuales en funciones de asistencia al conductor como la velocidad de crucero adaptativa. Muchos coches usan un radar situado en la parte delantera para calcular la distancia con los que circulan por delante y, de ese modo, regular la velocidad del vehículo. Si el vehículo de delante aminora su velocidad, la distancia con el nuestro disminuirá, y el sistema ordenará al coche que reduzca la velocidad hasta que la distancia vuelva a ser la predefinida. Si el coche de delante vuelve a acelerar, la distancia aumentará, y el sistema hará lo propio hasta alcanzar nuevamente la distancia programada con él. También se emplea el sensor en los sistemas de frenado de emergencia, cuando detectan una bajada repentina de velocidad del coche que nos precede.

El radar cuenta con una ventaja principal frente a las cámaras: su mejor funcionamiento en condiciones de baja visión, como escenarios con niebla o con lluvia intensa. Con todo, tiene la gran desventaja de su baja resolución, esto es, no puede distinguir las formas con mucho detalle y, por lo tanto, no sirve como sensor a la hora de identificar los objetos.

Para resolver esa deficiencia de resolución, tenemos el lidar. Este instrumento, en lugar de funcionar con ondas de radio, funciona con láser. El mecanismo es muy parecido, ya que emite haces de luz láser y espera su reflejo para calcular las distancias; como el láser es una luz pulsada que no se dispersa, puede darnos una nube de puntos con la que el ordenador reconstruye una imagen en tres dimensiones de los objetos en los que se refleja la luz. Mientras que un radar es un componente asequible para el total del coste de fabricación de un vehículo, el lidar es un sensor muy caro; es por eso por lo que se monta en una base rotatoria que le permite girar 360° y ver todo el entorno. Por otro lado, no es un elemento muy estético en los coches que lo incorporan.

Gracias a todos estos sensores, los sistemas de conducción autónoma cuentan con información redundante sobre el entorno. El sistema toma todos los datos y asigna mayor o menor peso a cada fuente según distintos parámetros, para que, en caso de información contradictoria, pueda tomar una decisión sobre las acciones que realizar. Con todo, como se ha relatado, este remedio nunca ha gustado a Tesla, que ha prescindido de ambas herramientas. Esto limita los datos a los proporcionados por las cámaras y, casi testimonialmente, a los pequeños sensores de ultrasonidos que tiene distribuidos por todo el vehículo para detectar objetos cercanos; estos sensores también se encuentran en muchos automóviles actuales de todas las marcas y nos ayudan en las maniobras de aparcamiento para evitar pequeñas colisiones.

Tesla argumenta que hemos diseñado nuestras carreteras, calles y ciudades para que una persona pueda desenvolverse perfectamente en el entorno solamente con la información que nuestros dos ojos proporcionan al cerebro.

Hoy existen «ojos» artificiales mucho mejores que los nuestros. Las ocho cámaras exteriores que incorporan los vehículos Tesla pueden ver 360° alrededor de nuestro coche, y, además, refuerzan la visión frontal situando tres de estas cámaras con diferentes distancias focales. Ni siquiera hace falta una gran resolución.

La decisión de Tesla de eliminar el radar de sus vehículos no solo está fundamentada en el gasto de producción y programación. Durante el entrenamiento, se han detectado muchas contradicciones entre la información que se interpreta desde las cámaras y desde el radar. En ese caso, ¿a cuál se debe dar más peso? Tesla ha decidido que las cámaras ofrecen una información mucho más rica, y, además, el radar ha demostrado ser poco fiable en algunos casos concretos como las deceleraciones bruscas del coche de delante. Si, finalmente, los técnicos deciden otorgar más peso a los sistemas de visión, ¿para qué mantener el radar? Hacerlo supone un desarrollo más dificultoso, al tener que mantener un equipo de técnicos encargado del radar y otro encargado de los procesos de toma de decisiones que implica el contar con dos canales de entrada de datos (ellos lo llaman *sensor fusion*). Tesla ha suprimido estos dos grupos de trabajo y se ha centrado en los sistemas de visión en exclusiva.

Luego está el cerebro de los vehículos, y aunque la tecnología ha avanzado a pasos de gigante en estos años, todavía parece que queda algún paso más para igualar la capacidad en el reconocimiento del entorno. Se trata de que los sistemas de los vehículos *entiendan* su contexto físico para que puedan adoptar las decisiones correctas. Ahora no hay duda de que estamos, gradualmente, mejorando los sistemas, y Tesla confía en que, a lo largo de 2022, sus sistemas podrán como poco igualar la capacidad de las personas para reconocer su entorno de conducción. En otro orden se encuentra la mejora exponencial de estos sistemas. Una vez que consigamos igualar esta destreza, en muy poco tiempo, la capacidad de conducción de las máquinas será mucho mejor que la de los humanos.

Aunque ese momento no llegue de forma inminente, es probable que, con la tecnología actual, ya sea más seguro circular en un coche autónomo que en uno conducido por personas. Un ordenador nunca se cansa, nunca deja de prestar atención, nunca viola las normas de circulación, y tiene una capacidad de respuesta mucho mayor que la de las personas. Solo con esto, por más que falle en algunas predicciones sobre lo que le rodea, se puede mejorar la seguridad actual.

Tesla está convencida de que logrará resolver este asunto en muy poco tiempo. Con todo, de momento, está siendo criticada por no contar con un sistema de monitorización del conductor, que vigile que la persona que está al volante esté atenta a la conducción. La industria tiene varios sistemas de este tipo, empezando por los más simples, que detectan la presión ejercida en el volante y el peso en el asiento, y llegando a otros más avanzados, que siguen el movimiento de los ojos. Aunque no se ha anunciado públicamente, la firma está estudiando usar la cámara interior del coche para esta función. También basado es sus algoritmos de Tesla Vision, el sistema monitoriza la cabeza y los ojos del conductor y asigna probabilidades a lo que está haciendo en cada momento, para detectar su comportamiento; esto se etiqueta con acciones como «mirar adelante», «mirar abajo», «bajar la cabeza», «manipular el móvil», etc., con vistas a decidir si el comportamiento del conductor es adecuado para continuar con la conducción o, por el contrario, hay que dar un aviso y, en último caso, desconectar el asistente.

Que este sistema se ponga en marcha o no va a depender tanto de los avances en los próximos meses o años como de la legislación de cada país. Y es que la conducción autónoma no solo es un problema tecnológico, sino también administrativo y legal. Hay fuertes diferencias entre las legislaciones de los distintos países, motivadas de igual manera por el exceso de celo de algunos reguladores como por cuestiones geopolíticas.

Al ser Tesla un fabricante estadounidense, es allí donde está encontrando menos trabas para liberar al público sus últimas versiones de *software* de asistencia a la conducción, mientras que en Europa aún hay fuertes restricciones y el sistema está funcionando muy por debajo de sus capacidades. Esto también está lastrando las ventas de la opción de conducción autónoma total (este paquete es un extra que se puede adquirir en el momento de la compra del vehículo o mediante una suscripción mensual) en Europa, ya que muchos clientes no ven que esas prestaciones se puedan disfrutar a corto y medio plazo. En Tesla están trabajando también para convencer a los legisladores y reguladores de que sus sistemas de ayuda a la conducción, lejos de ser infalibles, sí han demostrado ocasionar una tasa de accidentes menor cuando están activados que cuando no lo están. Tesla se afana en publicitar cada trimestre un informe donde se indica la siniestrabilidad: en él se utilizan datos del regulador norteamericano del número de millas conducidas de media por cada accidente en relación con el parque automovilístico general; el mismo dato en relación con los vehículos de la marca Tesla; y, de nuevo el mismo para los vehículos Tesla con los asistentes a la conducción activados.

Como ejemplo, tomando referencias del primer trimestre de 2021, según datos de la NHTSA norteamericana, se produce un accidente en las carreteras de Estados Unidos —de media— cada 484 000 millas conducidas. Tesla da tres datos comparativos: en sus vehículos con todas las medidas activas deshabilitadas, se produjo un accidente cada 978 000 millas; en los que tenían las medidas de seguridad activas habilitadas, se produjo un accidente cada 2 050 000 millas; y, por último, con el sistema Autopilot activado, se produjo un accidente cada 4 190 000 millas. Las cifras nos dan una idea de que ya es casi diez veces más seguro conducir con el sistema Autopilot de lo que es conducir de forma totalmente manual, e incluso para los conductores de vehículos Tesla, sigue siendo cuatro veces más seguro dejar que los sistemas de IA del coche tomen la mayoría de las decisiones. Y estamos hablando de una versión muy preliminar de conducción autónoma, muy por detrás de las versiones en fase beta del sistema Full Self-Driving.

La explicación que facilita la compañía en cuanto a la baja siniestrabilidad adicional aun con todas las medidas de seguridad desactivadas es que sus vehículos tienen una estructura rígida y reforzada, en la parte baja del coche, para el paquete de baterías, lo que dota al automóvil de una resistencia excepcional, grandes zonas de absorción de energía del impacto y un centro de gravedad muy bajo. Si unimos esto a los asistentes de conducción, podemos apreciar que estos vehículos se encuentran entre los más seguros del mercado.

# La importancia de los datos en el entrenamiento del modelo

Desde 2016, todos los vehículos que ha vendido Tesla están equipados con un conjunto de cámaras que captan las imágenes del entorno cuando el coche está funcionando. Estas imágenes son la mayor base de datos de vídeo de kilómetros conducidos que existe, y se están utilizando para alimentar la red neuronal programada en el que, actualmente, es el quinto supercomputador más potente del mundo, para crear el modelo que sirva de base a cada coche para tomar sus propias decisiones.

Como ya hemos hablado, la conducción autónoma se basa en dos sistemas diferentes. Por un lado, el que, con el *software* adecuado y los datos de entrada, crea el modelo; esta es la parte de entrenamiento. Por otro, el que va integrado en cada vehículo con capacidad de conducción autónoma y, una vez tiene el modelo, le permite interpretar el entorno y tomar las decisiones oportunas en cada momento. Como estas determinaciones se tienen que tomar en tiempo real, ya que un pequeño retraso podría significar un accidente, el ordenador que hay en el vehículo tiene que ser muy potente y no se puede depender de un superordenador remoto para ello; por ejemplo, en otros sistemas de inteligencia artificial menos críticos, el ordenador envía la petición a un ordenador central para que procese los datos y devuelva el resultado. Esto pasa con los asistentes de voz: cuando preguntamos a nuestro iPhone «Oye, Siri, ¿va a llover hoy?», el terminal envía un fichero de audio comprimido a los sistemas de Apple para que comparen el sonido con su modelo y transcriban ese sonido a texto; a continuación, ese texto pasa por otra red neuronal que intenta interpretarlo y «comprenderlo» y, finalmente, devuelve a nuestro teléfono las instrucciones en un lenguaje comprensible para el mismo, para que nos pueda indicar la previsión del tiempo. Si estamos sin cobertura, el sistema no funcionará; si tenemos mala conexión, el sistema se volverá lento. Aunque ese ha sido el funcionamiento de Siri hasta nuestros días, los teléfonos móviles han visto multiplicar su potencia en los últimos años, como el resto de los sistemas informáticos, y ya se está empezando a plantear la posibilidad de que algunas de estas peticiones se procesen en local, como cuando pedimos a nuestros teléfonos que llamen a una persona de nuestros contactos. El equilibrio entre el consumo de batería por el aumento de carga del procesador y el tiempo de demora en caso de procesarse en un servidor centralizado es lo que prima a la hora de ver qué conviene más, aunque los teléfonos inteligentes de última generación ya disponen de módulos de procesamiento neuronal en sus chips para optimizar estos procesos.

Como decíamos, en el caso de la conducción autónoma, este retraso a la hora de comunicar cada decisión es crítico, y, de momento, con las tecnologías de comunicaciones que tenemos, no queda más remedio que procesar todo en local. Desde hace unos años se nos promete que la velocidad, fiabilidad y baja latencia (el tiempo que pasa desde que se pide la información hasta que se obtiene una respuesta) del 5G podrían solucionar entre problema, pero la ley de Moore, que se lleva cumpliendo casi cincuenta años, ha hecho que se puedan montar dentro de los coches ordenadores capaces de interpretar lo que ocurre a cada instante y adoptar las oportunas decisiones.

Tesla ha establecido un calendario y unos objetivos muy claros de cara a la futura conducción autónoma total (Full Self-Driving).

En sus primeras versiones, un primitivo sistema de ayuda a la conducción podía mantener el coche en el carril analizando la información de las cámaras, y, además, preservarlo a una distancia establecida del coche de delante utilizando un radar de medio alcance montado en la parte delantera. Este nivel de conducción autónoma ya lo tienen muchos fabricantes, y permite que el conductor vaya un poco más relajado al no tener que estar interviniendo sobre el acelerador de forma continuada. Asimismo, puede prevenir una salida del carril involuntaria en caso de despiste.

Ya desde esas versiones iniciales, Tesla estaba almacenando los datos recogidos por las cámaras, así como los registros del automóvil, que indican el resto (p. ej., la velocidad y la dirección). Más adelante, se incorporaron para los clientes, con la última versión de *hardware* (los que tenían las cámaras necesarias y el procesador lo suficientemente potente), otras funcionalidades como la salida y entrada a las autovías. En 2020, Tesla abrió para un selecto grupo de clientes la posibilidad de probar su sistema de conducción autónoma total, capaz de conducir el coche tanto en ciudad como en carretera y autovías, y a finales de ese mismo año, la compañía permitió que cualquier comprador de la opción de conducción autónoma total pudiera solicitar la instalación de su fase beta.

En los siguientes meses, aparecieron cientos de vídeos en YouTube, grabados por esos conductores, en los que se explicaban las maravillas del nuevo sistema (aún en pruebas en 2022) y las pocas intervenciones necesarias del conductor para llegar de un lugar a otro. También esos mismos conductores que describían las maravillosas habilidades del dispositivo de conducción autónoma han estado comentando, en sus canales y blogs, las mejoras del sistema semana a semana, según iban recibiendo actualizaciones, incidiendo en lo bien que se comportaba en ciertos casos difíciles que, semanas antes, les habían obligado a tomar el control y que ahora gestionaba el dispositivo sin problemas.

A lo largo de los meses, se está comprobando que el entrenamiento del modelo debería ser aún más frecuente y profundo, y, para ello, Tesla está diseñando un nuevo supercomputador que se encargará en breve de esta tarea, haciendo que la mejora sea exponencial. El nombre de este proyecto, del que ya se han desvelado algunos detalles en el denominado Día de la IA de la entidad, es «Dojo». Dojo es una arquitectura modular escalable que está optimizada para procesos de aprendizaje profundo. Está cien por cien desarrollada por los ingenieros de Tesla y, en los próximos años, comenzará a procesar los datos para generar modelos de aprendizaje que luego se descarguen en toda la flota.

Hay quien cree que es el coche el que va aprendiendo con cada fallo y que se corregirá según vaya cogiendo experiencia y enfrentándose a nuevas situaciones, pero nada más lejos de la realidad. Hoy por hoy, el vehículo no está equipado con la tecnología necesaria para aprender, y se basa en el modelo entrenado para tomar las decisiones. Esto quiere decir que, ante una situación igual, el coche siempre tendrá el mismo comportamiento, aunque el conductor haya tenido que tomar el control para evitar un error. Por ejemplo: imaginemos que un conductor toma siempre el mismo camino para ir a su trabajo; que, al salir de su casa, hay una calle que se incorpora por su derecha, y que los conductores que circulan por ella tienen una señal de *stop*. Imaginemos que la calle viene casi paralela a la nuestra y la señal está prácticamente perpendicular a nuestra dirección. El coche, con el sistema de conducción autónomo activado, captará las imágenes con sus cámaras delanteras y, al compararlas con su modelo, detectará el *stop* y empezará a frenar para detenerse antes de la señal. El conductor, viendo que el coche decelera, se dará cuenta de que el *stop* no le afecta, tomará el control del vehículo y pasará sin detenerse.

Si el sistema pudiera aprender *in situ*, al día siguiente, nuestro coche no intentaría detenerse. Sin embargo, con el modelo actual, ocurrirá una vez tras otra. Con todo, unos días o semanas después llega una actualización de *software* que se instala en nuestro vehículo y, al día siguiente, al acercarse a la señal, el conductor puede ver cómo ya no intenta detenerse. Cualquier otro vehículo con el *software* actualizado hará lo mismo.

Los datos recogidos por el coche se han catalogado como «especiales» porque el conductor ha tomado el control y han llegado a la central de Tesla, donde, de forma automática o después de una revisión por parte de una persona, se han etiquetado para que el sistema los interprete de forma correcta. Y estos datos, junto con varios millones más recogidos por todos los vehículos equipados, se vuelven a introducir en el sistema para crear un nuevo modelo que se pueda descargar en los coches y corregir diversas situaciones.

Este sistema solo lleva unos meses en marcha y, según los participantes, que han aumentado de unas pocas decenas a más de 60 000, ha mejorado de forma muy notable en ese poco tiempo. A partir de octubre de 2021, los conductores con mejores estadísticas de seguridad en la conducción que tenían contratada la opción de conducción autónoma total en EE. UU., y que lo solicitan, reciben la última versión beta de este sistema. Esta apertura al público general no solo supone un salto de confianza de Tesla hacia su dispositivo, sino una oportunidad para aumentar el flujo de datos y recopilar información de casos extremos.

Si el modelo se puede entrenar con la suficiente velocidad, en algunos meses, este sistema de conducción autónoma será cada vez más fiable y, probablemente, mucho más seguro que un conductor humano. Y es que un ordenador puede ver mejor que nosotros, no se distrae, no se duerme, no se aburre y toma determinaciones en una fracción del tiempo que nos llevaría a nosotros. Es inevitable que, a medio plazo, los sistemas de conducción autónoma sean los únicos permitidos en las vías públicas, y que los conductores humanos queden relegados a circuitos cerrados donde puedan «jugarse la vida» sin poner en peligro a otros conductores.

## Tesla y su competencia

En estos momentos, en opinión de quien suscribe, Tesla está muy por delante de su competencia en lo que concierne a la investigación de la conducción autónoma; y esto es porque tiene el dinero, el talento y la motivación necesarios. Sea como sea, en el mundo de la IA, esto no es suficiente: lo que de verdad marca la diferencia son los datos. Y otras empresas podrán invertir más dinero y contratar más talento, pero la adquisición de los datos no se puede conseguir de la noche a la mañana, y ponerse a la altura de Tesla en esto también les va a llevar mucho tiempo. Mientras tanto, previsiblemente, Tesla venda entre 1 500 000 y 1 700 000 coches en 2022, que, sumados a los que ya tiene circulando, le van a proporcionar millones de kilómetros de imágenes para seguir entrenando el modelo. Y esto es algo que la competencia tampoco va a tener.

Quizá, en el futuro, Tesla licencie su *software* y *hardware* a otras marcas para que puedan hacer uso de su modelo y de sus actualizaciones. Quién sabe si esta será la única manera de que otros fabricantes puedan solventar este problema. Si fuera así, no solo se convertiría en fabricante de automóviles, sino que sería proveedor de *software* y servicios al resto de las marcas del mercado. Un pastel muy grande que, igualmente, contribuiría a aumentar los beneficios de la compañía y, por lo tanto, su valoración.

# 4
# ROBOTAXIS

En el *Autonomy Day* de 2020, Elon Musk nos sorprendió con un nuevo término nacido de sus avances en la conducción autónoma: *robotaxi*. Nos explicaba que, una vez resuelta la cuestión de la autonomía, todos los vehículos Tesla podrían usarse para transportar personas las 24 horas del día.

En la actualidad, los vehículos privados, de media, se usan menos de una hora al día, estando las otras 23 horas ocupando una plaza de aparcamiento y desaprovechados. El CEO de Tesla decía que los poseedores de uno de sus coches podrían ceder a la empresa su automóvil el tiempo que no lo estuvieran usando y, de ese modo, rentabilizar su compra recibiendo una parte de los ingresos que se generaran.

La idea fue un *bombazo* y supuso el comienzo de una serie de elucubraciones por parte de analistas e interesados en la compañía, hasta el punto de decir que Tesla podría explotar este negocio directamente y que ya no le interesaría vender coches a particulares, puesto que los ingresos de explotación de un *robotaxi* serían muy superiores a los obtenidos por la venta de ese mismo coche para uso particular.

Vamos a intentar pensar cómo podría funcionar esta red que entraría en competencia directa con empresas como Uber o Cabify y con las redes de taxi de cada ciudad.

La idea es que, en el futuro, cuando el problema de la conducción autónoma esté cien por cien resuelto, haya un número de vehículos disponibles para el transporte de pasajeros, distribuidos según la demanda por las ciudades. Algunos de estos vehículos estarían circulando; otros, aparcados; y otros, cargando sus baterías, según cada necesidad. Cuando un cliente de esta red necesitase transporte, al igual que ya se hace con otras redes de VTP (vehículos de transporte de personal), abriría una aplicación en su teléfono móvil e indicaría dónde quiere ir. En ese momento, el vehículo libre más cercano con batería suficiente para el recorrido se pondría en marcha en dirección al pasajero, hasta aparcar a su lado. El cliente leería un código QR, se identificaría mediante radiofracuencia (RFID) u otro mecanismo similar con su teléfono móvil, y se desbloquearían las puertas. Una vez en marcha, el vehículo conduciría hasta llegar al destino, y el cargo sería facturado con los datos que el cliente proporcionó al registrarse en la *app*. La unidad continuaría su servicio hasta llegar a una hora de menor demanda o hasta que su batería estuviera próxima a agotarse, momento en el que se dirigiría a un punto de recarga.

Este servicio, unido al uso eficiente de las cargas (del que hablaremos en el capítulo 5), dejará obsoletos por coste a los servicios similares con conductor humano, y efectivamente proyectará los beneficios de Tesla a valores muy superiores a los que conseguiría por la venta del vehículo para uso particular.

Las sinergias que Tesla presenta en su estructura de integración vertical hacen que este negocio deba estar también integrado en la empresa. Tesla fabrica los vehículos, tiene o tendrá la tecnología de conducción autónoma, posee las redes de carga, tiene o tendrá las centrales de generación de energía y almacenamiento y ostenta la capacidad de crear el *software* de gestión y la red de servicios técnicos para el mantenimiento y reparación de los vehículos. No se me ocurre ninguna otra empresa que pueda abarcar toda la cadena necesaria para poner en marcha un servicio de estas características por sí misma y, por lo tanto, competir en costes con Tesla.

Pero las implicaciones que podría tener un servicio de este tipo a largo plazo no son triviales. El descenso en el coste por kilómetro recorrido, que se produciría a medida que la optimización del servicio fuera aumentando, haría que cada vez fuera más difícil justificar la propiedad de un coche a nivel particular. Con el tiempo, sería mucho más barato utilizar esta prestación de forma continuada que tener un coche propio. Este cambio de uso haría que las ciudades cambiaran de forma radical: se estima que harían falta quince veces menos coches que en la actualidad para satisfacer todas las necesidades de desplazamiento; se precisaría mucho menos espacio de aparcamiento, recuperando miles de kilómetros cuadrados de calle para otros usos, así como de espacio en los emplazamientos subterráneos y de superficie de los centros de trabajo y hogares.

Imagina que ya no necesitas garaje en tu vivienda unifamiliar. Podrías recuperar ese espacio para otros menesteres. Asimismo, los aparcamientos de los citados centros de trabajo y superficies comerciales se podrían convertir en almacenes logísticos de proximidad en el centro de las ciudades o en otro tipo de áreas.

En cuanto al modelo de facturación de los servicios, al principio sería similar a otras compañías del sector o al taxi: se pagaría una cantidad en función del recorrido o del tiempo; pero la revolución llegará con el modelo de suscripción, como ya estamos acostumbrados con otros servicios. En ese momento, hasta los transportes colectivos sufrirán las consecuencias. Debido a la escalabilidad del servicio, podría haber varias tarifas según el uso: igual que servicios como Netflix tienen tres o cuatro tipos de suscripciones en función de lo que necesites, este podría tener varias tarifas en función del número de usos, los kilómetros recorridos o la disponibilidad. Por ejemplo, podría haber un servicio para los trabajadores que se desplazan a diario desde sus residencias en las afueras o en ciudades dormitorio al centro en horas punta, y otro muy distinto para usuarios que necesitan un uso esporádico algunos días de la semana. Quizá al principio haya muchas tarifas (como en la telefonía móvil) pero con el tiempo se simplifiquen y se reduzcan a tres o cuatro.

Tendríamos un modelo de transporte individual como un servicio (TaaS, *transport as a service*) en el que podríamos utilizar un tipo de vehículo para ir al trabajo a diario y otro distinto para ir con la familia de vacaciones.

También puede cambiar la forma en la que viajemos por carretera. En el extremo de esta tecnología, podríamos aprovechar las noches para desplazarnos mientras dormimos, haciendo más apetecibles los viajes de larga distancia. Este medio podría competir con otros como el tren o el autobús para desplazamientos de menos de 1000 kilómetros, por su versatilidad y su desplazamiento de origen a destino sin interrupciones ni esperas. Evitaríamos tomar un transporte para ir a la estación de tren (a la que tendríamos que llegar con suficiente antelación), descargar el equipaje, cargarlo en el tren, hacer el trayecto, volver a descargar el equipaje y pedir un nuevo coche, fuera de la estación, que nos lleve al destino final. Como ya pasa en la actualidad, hay quien prefiere el transporte de punto a punto directo aunque tenga que conducir, solo que, en el futuro, ni siquiera tendrá que hacerlo.

En definitiva, todo hace indicar que esta revolución, que ni está en los números de la mayoría de los analistas del mercado (que solo miran a uno o dos años vista), supondría un crecimiento de los beneficios de la compañía seguramente muy superior al que puede proporcionar la producción y venta de vehículos. Se estima que la capitalización de las empresas dedicadas al transporte privado (*ride-hailing*) está infravalorada hoy en día y que podría traducirse en más de 9 billones de dólares en 2030 en forma de servicios. Si Tesla, que lidera los desarrollos de conducción autónoma, también fuera líder en este mercado, una parte de esos nueve billones de dólares iría a su valoración, contribuyendo una vez más a hacer de la firma la más valiosa del mundo.

Sería aconsejable que, mientras se terminan de desarrollar y legislar los sistemas de conducción autónoma, Tesla lanzara un servicio de transporte de sus vehículos con conductor para entrar en el mercado, explorar las posibilidades y recopilar datos. Con el coste de operación de sus vehículos, Tesla podría competir con las empresas de transporte actuales, mejorando los márgenes de estas, y, más adelante, podría bajar sus precios para aumentar sus clientes potenciales.

# 5
# ENERGÍA

Por si el negocio de la fabricación de vehículos, la conducción autónoma y las redes de transporte de pasajeros no fuera suficientes, Tesla tiene un as en la manga que algunos analistas tampoco están teniendo en cuenta en las valoraciones que hacen de la compañía.

## Energía solar fotovoltaica

En esta década, estamos viviendo un momento excepcional para la rentabilidad de los nuevos modelos de producción energética. Las antiguas centrales térmicas, basadas en la quema de carbón, fuel y gas natural, están cayendo en rentabilidad al mismo tiempo que las renovables suben. En concreto, la energía solar fotovoltaica se ha desarrollado tecnológicamente hasta un punto en el que los paneles solares son más baratos y eficientes que nunca y pueden rivalizar con casi todas las demás fuentes de energía.

No obstante, la energía solar tiene un problema que comparte con otras fuentes renovables: la disponibilidad. Y es que el Sol no sigue los hábitos de los consumidores, y el rendimiento de esta energía, además de interrumpirse por la noche, está sujeto a una serie de factores que la hacen intermitente. Tenemos horas del día con una producción máxima y horas en las que no hay producción. Y, aunque la solución es sencilla sobre el papel, es bastante más complicada de llevar a cabo en la práctica: se trata de almacenar la energía sobrante para que se pueda utilizar cuando la demanda sea mayor.

Tesla, a través de la adquisición de SolarCity, tiene muchos años de experiencia en la fabricación e instalación de paneles solares. En el ámbito residencial, el tándem que propone es una instalación de paneles solares en el tejado de la vivienda junto con una batería que comercializan con el nombre de Powerwall. Además, Tesla tiene un producto que imita las tejas tradicionales y que consiste en paneles solares que se conectan unos a otros; se puede utilizar tanto en obras de nueva construcción como en renovación de tejados, para tener una cubierta de paneles solares sin afectar a la estética de la vivienda.

## Baterías

El conjunto formado por captadores solares y batería permite un uso más eficiente de la energía solar, empleándola en los momentos de mayor producción y acumulando el excedente para las horas de menor incidencia del sol y por la noche. Se puede dimensionar según las características de la vivienda, la superficie del tejado, el consumo en cada momento del día, si se tiene o no vehículo eléctrico y otros factores. Se pueden instalar varios Powerwall y tantos paneles solares como sean necesarios, y gestionar toda la instalación desde una *app* en el móvil.

Los sistemas de energía solar de Tesla han sido muy útiles en momentos de apagones, que son frecuentes en algunas zonas de Estados Unidos y, sin ir más lejos, fueron muy duraderos durante la ola de frío que asoló Texas en el invierno de 2020-2021, permitiendo mantener los servicios de calefacción e iluminación de los hogares que los tenían instalados.

Al mismo tiempo que se desarrollan productos para el sector residencial, Tesla también está trabajando con compañías eléctricas y grandes consumidores de la mano de su producto Megapack. Se trata de un conjunto de baterías para acumular la energía de centrales fotovoltaicas u otras fuentes renovables intermitentes. Está pensado para eléctricas, empresas de servicios eléctricos o grandes entidades que quieran controlar la intermitencia del suministro.

Como ya relatábamos en el capítulo 2, las baterías son el eslabón más delicado de la cadena de producción de la empresa debido a su escasez. En la actualidad, no es un problema técnico ni de materias primas, ya que los nuevos desarrollos de baterías han conseguido disminuir la cantidad de tierras raras necesarias para su fabricación. El principal inconveniente es el crecimiento de la demanda, debido a las nuevas necesidades de los vehículos eléctricos, y el almacenamiento de energía en plantas energéticas. Pero la producción se está acelerando, y Tesla, como parte de su estrategia para fabricar ellos mismos los componentes claves, está preparando las nuevas fábricas que la convertirán en el líder mundial de la fabricación de baterías.

En el año 2021 Tesla ha declarado que necesitará toda la producción de sus proveedores, además de la suya, para cubrir la demanda de su negocio de vehículos eléctricos. Y, en caso de que haya excedente de producción, lo dedicaría a su negocio energético.

Según se anunció en el *Battery Day*, Tesla pretende tener en 2030 una capacidad de producción de baterías de 3 teravatios hora. Este número se podría desglosar en aproximadamente 1 TWh para la fabricación de sus 20 millones de automóviles (20 mills. × 50 kWh de una batería media estimada), 1 TWh para el negocio energético (*powerwalls* y *megapacks*), y aún quedaría 1 TWh para otras aplicaciones, que podrían ser el suministro a terceros, ya fueran otros fabricantes de automóviles u otros destinos.

De igual modo, Tesla pone a disposición de sus clientes el *software* de gestión de energía Autobidder, una aplicación que permite decidir el momento óptimo para entregar a la red la energía almacenada en baterías. Basada en complejos algoritmos e inteligencia artificial, permite rentabilizar al máximo los activos basados en esas baterías.

Una vez más, vemos cómo estamos ante uno de los componentes críticos en la estrategia de Tesla. Los avances que están presentando en los últimos meses también beneficiarán al negocio de la producción de baterías para el almacenamiento de la energía no utilizada en viviendas o plantas energéticas con paneles solares fotovoltaicos.

## Plantas de energía virtuales

Como veremos más adelante, en cualquier negocio de Tesla, el *software* juega un papel relevante. En los próximos años conoceremos proyectos de «plantas de energía virtual»: consisten en tratar las instalaciones solares y de almacenamiento de energía de los consumidores como si fueran una única instalación. Un avanzado *software* se encarga de gestionar toda esa energía producida y almacenada para ser usada por toda la comunidad, dando servicio a una zona completa de consumidores en caso de fallos en el suministro de la red y manejando los excedentes de forma inteligente.

La idea es predecir los lapsos en los que va a haber una escasez en el suministro. Basándose en los hábitos de consumo y la climatología prevista para cada momento del día, Tesla programará una serie de «eventos» que notificará con antelación a los participantes de la planta de energía virtual; llegado el caso, el sistema empezará a priorizar la carga de las baterías con la energía suministrada por los paneles, aunque tenga que utilizar energía de la red para el suministro de la vivienda. Esto se hace con el objetivo de que la batería esté cargada al 100 % a la hora del evento y se pueda trasladar al centro de transformación o distribución de la compañía para suplir la escasez energética durante la alta demanda de dicho evento.

En los proyectos piloto en marcha, por ahora, no hay un beneficio económico para ninguna de las partes. Se trata de una iniciativa solidaria para prevenir cortes de luz en las zonas en las que se han puesto en marcha, pero, con el tiempo, los productores netos podrán vender la energía a las compañías eléctricas cuando haya picos de demanda que no puedan abastecer por su cuenta. Esto podrá evitar que las eléctricas tengan que invertir en nuevas plantas solo para cubrir demandas en lapsos de tiempo puntuales.

## Otros

En el capítulo anterior hablábamos de los *robotaxis*. Estos vehículos autónomos podrían jugar también un papel clave en la distribución y el control de la energía producida en plantas de paneles fotovoltaicos. Los *robotaxis* tendrán tiempos en los que no estén siendo usados por pasajeros, y, en estas horas de menor demanda de transporte, se podrían utilizar para transportar electricidad de un lugar donde sea menos necesaria a uno donde lo sea más.

En el caso de la producción de energía, se da la misma circunstancia (relativa a nuevas formas de producción) que en el caso de las baterías que comentábamos antes. Hay tecnologías muy prometedoras en los laboratorios de todo el mundo, pero algunas de ellas están aún muy lejos de dar los rendimientos adecuados. Como muestra, la fusión nuclear, una forma de producción de energía limpia y barata, todavía se halla en una fase muy preliminar, y el mayor prototipo de central de fusión aún está, al menos, a una década de terminar de construirse, en Francia. Al igual que pasaba con las baterías, hay tiempo de sobra para amortizar las tecnologías de producción solar fotovoltaica que permiten una instalación distribuida, escalable y sencilla de gestionar.

Además, no se trata de sustituir todos los sistemas de producción por estas nuevas tecnologías. La idea es, primero, sustituir las plantas más contaminantes —como las de carbón y fuel—, y, más adelante, eliminar también las de ciclo combinado. En los próximos años, deberíamos tener un *mix* renovable y nuclear de fisión (en los países donde exista) que permita a los Estados alcanzar los objetivos de emisiones y descarbonización. Según nuestras indagaciones, no es posible, a corto y medio plazo, un modelo solo basado en energías renovables. La transición energética debe ser gradual y priorizar el cierre de las plantas más contaminantes, basadas en combustibles fósiles.

Tesla ya ha manifestado su previsión de que el negocio de la energía sea tan grande como el del automóvil para ellos. Hoy nos puede parecer complicado, porque estamos viendo crecer el negocio de vehículos de forma exponencial; sin embargo, el negocio de la energía tiene un potencial muy grande y Tesla está muy bien posicionada con sus tecnologías de baterías y paneles solares, tanto a nivel residencial como a nivel industrial. Sin duda, será un factor más en la configuración del tamaño de la empresa y redundará en su valoración a medio plazo.

# 6
# SERVICIOS

Tesla ofrece una gran variedad de servicios a sus clientes en el presente, pero este número se incrementará de forma exponencial en los próximos años, según aumente la base de usuarios de sus coches eléctricos, equipos de almacenamiento de energía y otros.

## Venta y posventa

Uno de los principales servicios en los que casi nadie repara, y que diferencian a Tesla de otros fabricantes de automóviles, es la comercialización directa.

En el sector del automóvil, es común que los fabricantes y los puntos de venta sean empresas distintas. La red de concesionarios es una parte esencial en la comercialización y el mantenimiento posterior de vehículos en todo el mundo, y permite separar las funciones del fabricante de las del distribuidor. De este modo, el distribuidor (concesionario) se encarga de la comercialización de los vehículos y del servicio posventa. Este binomio permite que el fabricante pueda centrarse en el diseño y la producción, dejando a sus comercializadores el trato con el cliente. También, diversifica la inversión y el riesgo financiero y equilibra la red de ventas.

Al contrario que el resto de los fabricantes, Tesla no cuenta con una red comercial externa a la marca, sino que es el propio fabricante quien se encarga de esta labor. Tesla pone a disposición de sus clientes, a través de su página web, un configurador en el que puedes elegir todas las opciones de cada vehículo de la gama y hacer la reserva. En este punto, puedes contrastar las opciones disponibles y hacer tu pedido.

Tesla no sigue las políticas, tan comunes en la red de concesionarios de cualquier otra firma, donde priman el regateo y los precios y descuentos variables en cada concesión (debido a las diferentes políticas de precios y márgenes) y donde puedes recuperar estos descuentos en la posventa, sino que fija unos importes en cada mercado en que opera.

Además del configurador, Tesla también cuenta con tiendas físicas en las que el cliente puede ver sus vehículos. Estas tiendas no son como los concesionarios de las demás marcas; son escaparates tecnológicos que a lo sumo tienen un vehículo de cada gama principal y en los que el resto de las opciones, colores e interiores se pueden ver de forma virtual. Aunque ya hemos hablado de que Tesla no tiene gran variedad de acabados y modelos como sí tienen otras marcas, de cara a simplificar y ahorrar costes en la producción y distribución de sus vehículos.

Por último, de cara a la posventa, tiene los Service Centers, que dan soporte técnico presencial para mantenimiento y averías de los vehículos. Cabe destacar en este punto la existencia de los Rangers, que son talleres móviles que solucionan muchas de las incidencias en la calle o en el aparcamiento del cliente, dando flexibilidad a la hora de efectuar reparaciones menores. Además, Tesla posee un servicio de reparación muy diferenciado igualmente del de su competencia: la asistencia remota. Dado que, sobre todo al principio, muchos de los defectos de los automóviles se debían al *software*, este servicio técnico remoto puede conectarse al coche para leer los registros de los ordenadores de a bordo, analizar su comportamiento y corregir errores en el momento, mediante una actualización o variando la configuración del vehículo. Se puede poner una incidencia en la *app* de Tesla por la noche y tener el problema resuelto a primera hora de la mañana, sin que el coche haya tenido que moverse del garaje del propietario.

## Infoentretenimiento

Aunque hemos empezado hablando de los servicios de venta y posventa de la compañía, ciertamente, los servicios que más prometen en el futuro de la empresa son los que ofrece el *software*. Esto es debido a que Tesla funciona, en muchos aspectos, como una empresa tecnológica, y sus vehículos son como la electrónica de consumo.

Muchos analistas comparan a Tesla con Apple por cuanto está creando un ecosistema basado en sus vehículos, sistemas de producción de energía y supercargadores. Una vez el consumidor está en el ecosistema, le es incómodo salir, y, cuando tiene que renovar alguno de sus productos, lo hace por otro de la marca. Esta dependencia se irá haciendo más fuerte en los próximos años con la introducción del *software*, que formará parte del ecosistema y que mejorará la experiencia de uso de los productos de Tesla.

Uno de los pilares de la entidad en el futuro será la conducción autónoma total. Esta funcionalidad se convertirá en la estrella de la compañía y se podrá contratar, una vez adquirido el vehículo, en forma de suscripción mensual o anual. Actualmente, la opción de conducción autónoma total se contrata al comprar el vehículo y permanece activa, con sus mejoras futuras, durante la vida útil del coche, pasando por diferentes propietarios si el coche se vende a un tercero. También, desde julio de 2021, la funcionalidad de conducción autónoma total se puede contratar en forma de suscripción mensual. Todo apunta a que, en el futuro, la función estará vinculada a un conductor suscrito que podrá usarla en otros vehículos

Tesla que conduzca. Otras configuraciones también serán trasladables de un coche a otro: esto será así con la llegada de los perfiles de usuario. Cuando entremos a un coche de Tesla, nuestro teléfono móvil se conectará al ordenador de a bordo, identificándonos y autorizando el uso de las diferentes opciones que tengamos contratadas; y estas no se limitarán a los servicios de conducción autónoma, sino asimismo a los servicios de entretenimiento a bordo, que, en los próximos años, irán ganando relevancia.

Los sistemas de entretenimiento de los vehículos de la empresa irán evolucionando hasta convertirse en una plataforma parecida a lo que han conseguido Apple y Google con iOS y Android. En breve, el sistema de Tesla se abrirá a desarrollos de terceros y tendrá su propia tienda de aplicaciones, donde las empresas de *software* y videojuegos podrán ofrecer sus productos a los usuarios de vehículos Tesla. Las aplicaciones estarán diseñadas para funcionar en la gran pantalla central que poseen los automóviles y sacarán todo el partido de estar integradas en un vehículo en movimiento; habrá aplicaciones de productividad para trabajar en el coche, de viajes o de información que nos ofrezcan un valor añadido respecto a las mismas funcionando en un teléfono móvil. Los videojuegos jugarán un papel muy importante: primero, por tratarse del *software* de entretenimiento por excelencia; segundo, por ser un sector muy lucrativo; y tercero, porque Tesla parece que los tiene integrados en su ADN, igual que Apple apadrina la música, quizá por el gusto personal de sus creadores o por intentar crear una imagen de marca vinculada a este sector tan potente.

Cuando pudieron verse las características de los nuevos Model S y X, que se empezaron a entregar a mediados de 2021, llamó la atención la imagen publicitaria mostrada en la pantalla principal y secundaria de un famoso videojuego. En la presentación de nuevos productos de Nvidia (uno de los productores de semiconductores de alto rendimiento más importantes del mundo), en el primer semestre de 2021, la compañía no solo presumió de tener los procesadores más potentes en *PC gaming* y consolas de última generación, sino que publicitó que sus últimos chips estarían presentes en los vehículos Tesla. Estos nuevos modelos cuentan con un procesador de última generación capaz de igualar el rendimiento de las últimas versiones de consolas como la PlayStation 5 y la Xbox One. ¿Por qué Tesla querría invertir en pantallas de alta definición y chips ultrarrápidos en un coche? Seguramente, porque está pensando en convertirse en un proveedor más de *hardware* de alto rendimiento, junto con marcas como Sony o Microsoft, y porque ve sus vehículos como productos de electrónica de consumo. Y esto es algo que el resto de los fabricantes no está sabiendo advertir.

Cuando lleguemos a la conducción autónoma, miles de horas se liberarán tanto en los trayectos diarios como en los viajes más largos, tiempo que compañías de *software* como Google o Facebook estarán deseando ganar para aumentar las visitas a sus buscadores y redes sociales. Tesla sabe esto y quiere estar en primera posición cuando ocurra. Al resto de las firmas les ha pillado esta revolución por sorpresa y han instalado sistemas compatibles con Apple CarPlay o Android Auto en sus vehículos, cediendo, en cierto modo, todas estas horas libres, a Apple y Google, y perdiendo una gran oportunidad de negocio. Tesla nos ofrecerá en pocos años todos estos servicios de búsqueda, mapas, música, pódcast, vídeos y videojuegos y nos cobrará directa o indirectamente por ellos, convirtiéndose esto en una parte fundamental de su negocio y muy importante de sus beneficios. El *hardware*, en forma de fabricación de vehículos, tiene un límite en la generación de beneficios por mucho que quiera optimizarse, pero el *software* es ilimitado en este aspecto: puedes crear un programa y distribuirlo millones de veces sin apenas coste añadido. Estoy seguro de que, en el futuro, los servicios serán una parte muy importante de los beneficios de la empresa.

Fijémonos en Amazon, el gigante de la venta *online*. Amazon lleva varios años presentando muy buenos resultados en sus cuentas anuales, pero lo que casi nadie sabe es que su filial de servicios en la nube, Amazon Web Services, a pesar de suponer solo el 15 % de su facturación, representa más del 75 % de los beneficios de la compañía. AWS ofrece servicios de alojamiento en la nube para empresas, y lo utilizan una gran cantidad de firmas, aglutinando una importante parte de este mercado. Es otro ejemplo de una compañía con una actividad principal de márgenes muy bajos que ha conseguido mejorar sus beneficios con otras relacionadas con el *software* y los servicios en la nube.

## Inteligencia artificial y *big data*

No todo estará orientado a los coches. Tesla tiene muchas opciones de convertirse en un proveedor de servicios en la nube gracias a sus avances en inteligencia artificial y *big data*.

Ya hablamos antes de Dojo. Esta plataforma se convertirá en el sistema más avanzado de entrenamiento de visión computerizada del mundo, y, aunque, a medio plazo, se centrarán en entrenar un modelo de visión para la conducción autónoma, se podría entrenar en muchos otros usos. Por ejemplo, ya sabemos que cada vehículo Tesla fabricado en los últimos años con el *hardware* 3.0 está continuamente enviando imágenes de sus ocho cámaras a la central para su procesado. Estas cámaras recogen de forma continuada millones de imágenes de calles y carreteras de todo el mundo y pueden ver todo lo que ocurre a su alrededor en tiempo real.

En 2025, habrá más de 10 millones de vehículos Tesla circulando, y este número crecerá de forma exponencial a más de 65 millones en 2030. Los datos que proporcionan comprenderán la base de datos más grande del mundo de imágenes. Lo que hoy es Street View, de Google, quedará empequeñecido por la gran cantidad de imágenes y su continua actualización. Los ayuntamientos y responsables de mantenimiento de carreteras podrían contratar a Tesla la vigilancia del estado de las calles y carreteras; se podría entrenar Dojo para buscar tendencias de cosas tan dispares como el tipo de vehículos que circulan por las carreteras y a dónde se dirigen o el tipo de ropa que visten hombres y mujeres en las distintas ciudades del mundo.

Las posibilidades son ilimitadas. Con el problema de visión computerizada resuelto, Dojo podría catalogar cualquier característica de las imágenes que recibe de forma permanente en sus sistemas. Se podría alquilar la plataforma a terceros, de igual forma que hoy se alquilan otros sistemas para supercomputación o procesos singulares que no se pueden ejecutar en sistemas de usuarios. Esto podría suponer a Tesla una fuente de ingresos inimaginable y que podría dar servicio a casi todos los sectores de la industria. Hoy sabemos que la inteligencia artificial llegará a las empresas de este modo, no como un *software* que se use de forma local, sino como un servicio en la nube al que accederán los usuarios cuando lo necesiten, bien con sus datos, bien con datos de terceros.

## Gestión de la energía

Otro campo en el que los servicios serán parte fundamental de la compañía es el de la energía. Si Tesla logra su objetivo de convertirse en un actor importante en este sector, una de sus ventajas competitivas serán, indudablemente, sus servicios. Gracias a su *software*, se podrán detectar las necesidades de la red y, según la demanda de cada momento, se entregará electricidad de forma controlada desde las baterías en las que se ha almacenado energía de fuentes renovables no continuas.

Un sistema de baterías conectadas a unos paneles solares estará acumulando electricidad durante las horas centrales del día, y la volcará a la red cuando se necesiten en la hora punta de la noche. Tesla proveerá a las empresas eléctricas de este servicio, que equilibrará la red y hará que no se tengan que emplear centrales térmicas que utilizan combustibles fósiles —como el fuel, el carbón o el gas natural— para abastecer la demanda cuando no hay disponibles fuentes renovables.

También hemos hablado antes de las plantas de energía virtual, sistemas distribuidos de almacenamiento de energía que se comportarán como si fueran una gran batería que podrá usarse tanto en momentos puntuales de emergencias como en calidad de activo energético con el que conseguir beneficios. Con el *software* adecuado, Tesla podría negociar por los consumidores el uso de esa energía almacenada y venderla en los lapsos de más demanda, cuando esta electricidad se pague mejor.

## Supercargadores

Otro servicio que ya está funcionando y que podría suponer unos ingresos multimillonarios a la compañía es la antes referida red de supercargadores. Desde los comienzos de la compañía, Tesla se ha cuidado mucho mejor que otros fabricantes de que sus clientes no tuvieran problemas a la hora de recargar sus vehículos fuera de casa.

Uno de los principales propósitos de los conductores de coches eléctricos es la comodidad en las cargas de batería. En 2021, la mayoría de los conductores muestran su preocupación por la autonomía de los nuevos vehículos eléctricos y por las diferentes opciones de carga; argumentan que sus coches de combustión interna pueden recorrer casi 1000 kilómetros sin repostar y que el momento del repostaje supone solo unos minutos en cualquiera de los miles de surtidores que hay distribuidos por las carreteras de sus países. Pero, para los usuarios de vehículos eléctricos, la mentalidad es otra.

La situación ideal es que los coches se carguen por la noche en los domicilios de los conductores o por el día en los centros de trabajo.

Este proceso de carga lenta es el óptimo tanto para la salud de la batería como para la economía de la recarga, ya que el precio de la electricidad es más económico en horas valle de consumo. De este modo, el coche siempre estará cargado a un ochenta o noventa por ciento de su capacidad todos los días, permitiendo a su usuario recorrer la mayor parte de los más de 500 km que casi todos los modelos de la compañía soportan. Sin embargo, esto no resuelve la inquietud que muchos conductores aún tienen cuando circulan por carretera hacia destinos que están a varios cientos de kilómetros; distancias que no pueden recorrerse sin detenerse a cargar el vehículo.

En el pasado, la recarga de los pocos coches eléctricos del mercado era muy dificultosa y lenta debido a la poca infraestructura existente. Pero Tesla, desde sus inicios, tenía claro que sus clientes tenían que poder hacer rutas más largas con las mínimas paradas para cargar. Fue por ello por lo que creó la red de supercargadores a lo largo de las principales rutas de transporte de EE. UU. y, más adelante, de otros países en los que estaba presente.

Estos cargadores de uso exclusivo para vehículos Tesla hacen posibles unos viajes más cómodos y rápidos, al estar su ubicación integrada en el *software* de navegación. Solo es necesario introducir la ruta en el navegador, y el sistema nos indicará las paradas que tendremos que hacer para recargar el coche; y no hablamos de paradas de varias horas: en los supercargadores de nueva generación se alcanzan velocidades de carga de hasta 250 kWh, posibilitando cargar gran parte de la batería en 10-15 minutos. Como ya vimos en el capítulo dedicado a las baterías, el proceso de carga depende de muchos factores, pero el sistema ya se encarga de optimizarlo para que podamos cargar en el menor tiempo y número de paradas posible.

Por ejemplo, en un Model 3 Long Range, que tiene una autonomía homologada bajo el ciclo WLTP de 614 km, podríamos hacer un viaje de 800 km haciendo apenas dos paradas de 15 minutos. Esto es algo que a los conductores de coches de combustión parece molestarles, puesto que con un vehículo diésel se pueden hacer 1000 km con un solo repostaje, pero, en realidad, no debería ser una molestia: se trataría de salir de casa a media mañana con el 100 % de carga, hacer 300 km y parar a descansar y tomar un café con unos 150-200 km de autonomía; cargar de nuevo hasta 500 km en 10-15 minutos, en un supercargador de 250 kWh, y continuar otros 300-400 km para llegar casi al final de viaje, volviendo a cargar hasta 500 km para tener carga con la que movernos en el destino. Si se pretende hacer muchos kilómetros en destino, se puede buscar un *destination charger* disponible en hoteles, centros comerciales y otros lugares de estancia más larga: allí podemos cargar, esta vez con un procedimiento un poco más lento, para seguir circulando sin problemas. Todas estas cargas, sin tener que usar aplicaciones, ni tarjetas de crédito, ni registros en sistemas; solo con aparcar el coche y enchufar el cable de carga. El sistema identifica el coche, abre el suministro de electricidad y nos factura a nuestra cuenta de Tesla de forma cómoda y transparente.

Esta red, que llegó a los 1000 puestos de carga a primeros de 2021, se está multiplicando a toda velocidad y, gracias al crecimiento exponencial de la flota y a la fábrica situada en Shanghái, que fabrica los supercargadores, supondrá otro gran número en el negocio de Tesla. Para aumentar aún más los beneficios de la compañía, ya sabemos que la red se está abriendo poco a poco a vehículos de terceros: inicialmente lo está haciendo en algunos países de Europa, en los que Tesla ha recibido subvenciones para hacerla disponible para otros vehículos de la competencia; con el tiempo, todo apunta a que terminará abriendo toda la red.

Podemos imaginarnos a los clientes de otras marcas con la aplicación de Tesla en sus teléfonos móviles para tener acceso a los supercargadores. Tesla podrá saber dónde están los vehículos de su competencia, sus hábitos de carga, e, incluso, ofrecerle sus productos y servicios. Otra oportunidad de negocio al margen de las cargas en sí mismas.

# Seguros

Otro servicio que Tesla ya ofrece en partes de EE. UU. y que en breve comenzará a comercializar en más países es el seguro del vehículo. El negocio de los seguros de automóvil es tan lucrativo como complejo de gestionar. Los cálculos estadísticos de siniestrabilidad son muy difíciles, y conseguir la rentabilidad financiera, un hito que solo las grandes aseguradoras han conseguido perfeccionar. Pero Tesla, una vez más, juega con ventaja gracias a la información que maneja de sus clientes.

Para calcular el precio de un seguro con una compañía tradicional, los datos de los que dispone el corredor son la edad, los años de experiencia desde que se obtuvo el permiso, el tipo de vehículo y poco más. Algunas compañías tienen en cuenta también el género del conductor y el nivel de estudios o renta. Con estos datos, y mediante un estudio estadístico, calculan el riesgo de cada conductor y establecen la prima del seguro.

Tesla entra en una nueva dimensión al tener información sobre nuestros hábitos de conducción. Puede saber cosas como si conducimos en autovía, carretera o ciudad, si respetamos la distancia de seguridad con otros vehículos, si aceleramos o tomamos las curvas de forma suave o brusca, si respetamos los límites de velocidad o las normas de circulación y muchas cosas más. Con todos estos datos, el riesgo se vuelve un cálculo mucho más personalizado, y puede ofrecer sus primas más competitivas a los conductores más confiables; los que no lo son tanto tendrán primas más altas o tendrán que buscar otras aseguradoras que pasen por alto su perfil de riesgo a la hora de conducir.

Los conductores de EE. UU. ya han podido echar un vistazo a cómo funciona esta herramienta integrada en la *app* de Tesla de sus teléfonos móviles. Para poder optar a instalar la versión beta de la «conducción autónoma total», tienen que someterse, durante una semana, a una valoración de su estilo de conducción que da como resultado una puntuación de seguridad (*safety score*). Solo los conductores con la puntuación más alta formarán parte del exclusivo grupo de invitados a participar en la beta. Asimismo, estos conductores están recibiendo valoraciones de sus primas de seguro de automóvil basadas en la puntuación de seguridad. Por defecto, todos los conductores empiezan por una prima estándar que, con los meses, se va actualizando de acuerdo a su puntuación.

En realidad, en cualquier caso, lo que va a marcar una diferencia con el resto de la industria es el uso de la conducción autónoma. En los próximos años, según la conducción autónoma se vuelva más fiable, Tesla primará en sus seguros a los conductores que tengan estos sistemas activados, puesto que, en poco tiempo, como ya hemos hablado, la siniestrabilidad se reducirá de forma drástica gracias a la conducción computerizada. De este modo, Tesla se convertiría en la única compañía de seguros capaz de calcular el riesgo con precisión y podrá fijar las primas con mucha más exactitud que su competencia. También, y dado que comercializa sus productos de forma directa, podrá asimilar o repercutir a sus clientes las comisiones que cobran los agentes y corredores de seguros, que las compañías más tradicionales mantienen; unos intermediarios que, aunque en nuestro mundo actual aportan un valor añadido, seguramente sean eliminados con el tiempo.

Quizá no todo sea bueno. Puede que haya conductores que no quieran que les observen tan de cerca sus hábitos de conducción. Incluso podría entrarse en conflicto con las leyes de protección de datos vigentes. Pero seguro que, si permitimos que esta información se utilice para calcular primas de conductores individuales, esto beneficiará a los buenos conductores.

La oportunidad de negocio que los seguros pueden suponer es bastante importante. Hay analistas que creen que, en 2025, el 40 % de los vehículos Tesla tendrá el seguro con la compañía. Si fuera así, este negocio constituiría una parte muy importante de Tesla que no se puede ignorar a la hora de pronosticar la futura valoración de la compañía.

# Logística

Aunque no hay mucha información a este respecto, una gran oportunidad de negocio que, seguramente, Tesla no deje escapar, vendrá de la integración vertical de varios de sus negocios actuales. El desarrollo del Tesla Semi, cuyas ventas escalarán en los próximos años (cuando la producción de baterías deje de estar limitada como ahora), la conducción autónoma y el desarrollo de las redes de carga crearán una gigantesca oportunidad de negocio en el transporte de mercancías automatizado.

Podemos figurarnos de igual manera, en unos pocos años, una red de transporte de mercancías autónomo, entre centros logísticos a las afueras de las ciudades, donde los camiones de Tesla puedan ir y venir transportando género con un ahorro de costes tan grande que entraríamos en una nueva era del transporte.

Aparte de la amortización del vehículo, los dos costes más importantes del transporte de mercancías por carretera son el personal y el combustible. Tesla está dando solución a los dos con sus nuevas tecnologías. El coste de la electricidad es mucho menor que el del combustible diésel actual y, además, este bajará en el futuro con el desarrollo de las energías renovables y la gestión eficiente de la oferta y la demanda. Y, como Tesla tendrá un papel fundamental en estos aspectos, estará en una posición privilegiada para competir. Además, el transporte por carretera tiene grandes limitaciones en cuanto a las horas de trabajo y descanso de sus conductores. Para que sea seguro, es muy importante que los conductores tomen los descansos oportunos y no trabajen muchas horas seguidas.

Tengamos en cuenta un sistema automatizado que tendrá las ventajas del ferrocarril o el transporte marítimo de mercancías, pero con la versatilidad de origen, destino, horario de uso y extensión de las carreteras. Un camión que podría funcionar virtualmente las 24 horas del día, parando apenas a cargar sus baterías.

Incluso se podría hacer coincidir esta carga de electricidad con la carga y descarga de mercancía, para eliminar los tiempos muertos.

En pocos años, tras un tiempo de prueba con un operador, el desarrollo de la conducción autónoma será suficiente para que estos camiones circulen de forma totalmente autónoma por nuestras autovías, lleguen a los centros logísticos y atraquen en sus muelles para ser cargados y descargados mientras recargan sus baterías, con las que podrán conducir otros 800 o 1000 kilómetros sin parar.

En paralelo, Tesla está desarrollando una nueva gama de supercargadores para estos vehículos, que podrán cargar hasta a 1 MWh de velocidad. El objetivo actual de estos nuevos cargadores es cargar la batería del Tesla Semi en el tiempo de descanso de un conductor, pero, en un futuro sin conductor, estos sistemas se instalarán en los muelles de carga de los centros logísticos para cargar las baterías en el transcurso de los procesos de carga y descarga de mercancía. Adivinamos las cubiertas de las gigantescas naves de los operadores logísticos tapizadas de paneles solares que recojan la energía del sol y la almacenen en *megapacks* para, luego, cargar las baterías de los camiones.

Quién sabe si, en un futuro no muy lejano, Tesla desarrollará nuevos vehículos para el reparto de última milla, que recojan las mercancías de estos centros logísticos y la distribuyan por los distintos puntos de la ciudad. Sería un negocio complementario perfecto. Este reparto de última milla está en auge con el crecimiento de las compras *online*. Son necesarios pequeños camiones o furgonetas capaces de llegar hasta cada tienda de barrio o domicilio donde los semirremolques no pueden llegar. Amazon ya ha encargado a Rivian 10 000 unidades de su furgoneta eléctrica para este uso, y no creo que Tesla se quede atrás en este nicho de mercado.

# Fábricas

En el capítulo 2, dedicado a la producción, ya hemos visto cómo Tesla pretende revolucionar el proceso de fabricación de vehículos gracias a sus técnicas y equipos innovadores. Quizá, en algún tiempo cercano, Tesla podría ofrecer servicios de consultoría y puesta en marcha de sus sistemas de producción a otros fabricantes de vehículos, e incluso a otros sectores que se pudieran aprovechar de los avances en la cadena de producción que Tesla está desarrollando para sus fábricas. Si consigue su objetivo de reducir los costes de producción tal como se ha propuesto, habría muchas empresas interesadas en integrar sus procedimientos y avances a sus propias cadenas.

# CONCLUSIÓN

A pesar de las diferentes oportunidades de negocio presentes y futuras que hemos mencionado, seguro que una firma como Tesla tiene varios ases en la manga y está esperando el momento oportuno para presentarlos. Además de producir algunos de los coches eléctricos más avanzados del mundo, estar a las puertas de revolucionar la inteligencia artificial y pretender convertirse en un gigante energético y líder en *software* y servicios, Tesla aún tiene mucho valor que aportar a la sociedad siendo fiel a su misión.

Recientemente, a punto de cerrar la edición de este libro, Tesla volvía a sorprender a la prensa con el anuncio de que está trabajando en un robot humanoide y tendrá un prototipo listo en 2022. Piensan usar parte del desarrollo que están haciendo en visión computerizada en este producto, para que pueda sustituir a las personas en tareas aburridas, repetitivas o peligrosas. La prensa solo vio en el anuncio un titular —y, seguramente, también era la intención de Tesla que fuera así—, pero toda la conferencia dedicada a la inteligencia artificial sacó a la luz lo avanzado del trabajo de la compañía de cara a conseguir la conducción autónoma total. Aún es muy pronto para saber las implicaciones que el desarrollo de este robot podría tener en nuestro mundo, pero, si ya estoy convencido de que Tesla puede convertirse en la mayor empresa del mundo revolucionando sectores con un amplio público objetivo, como los de la automoción, la energía y la inteligencia artificial, con este nuevo desarrollo estará irrumpiendo en el mayor mercado del mundo: el de la mano de obra. No podemos ni imaginarnos cuál es la valoración de un mercado así ni qué parte del pastel podrá abarcar Tesla.

También se dieron detalles del *hardware* del que estará formado el superordenador Dojo, una matriz de chips de alto rendimiento y velocidad, diseñados a medida por Tesla para este fin, que dará un impulso a sus modelos de entrenamiento.

Hay dos aspectos que se le escapan a mucha gente y a muchos analistas de los mercados, y que son cruciales a la hora de ver la evolución de las empresas disruptivas como Tesla.

Por un lado, el concepto del crecimiento exponencial. Los humanos no somos muy buenos pensando en términos exponenciales: estamos más acostumbrados a la linealidad. Por ejemplo, si hablamos del crecimiento de una empresa en términos lineales, podemos comprender que, si una empresa facturó un millón de euros en 2020 y consigue facturar cada año 250 000 € adicionales, al cabo de diez años estará facturando 3,5 millones de euros. Eso entra dentro de lo que nos parece posible desde nuestra intuición. Sin embargo, el crecimiento exponencial es muy diferente: en lugar de sumar una constante a nuestra cifra de partida, lo que hacemos es multiplicar. Así, nuestra misma empresa, que factura un millón de euros en 2020, con un crecimiento anual del 25 % (250 000 € el primer año), habrá llegado apenas diez años después a una facturación de 9,3 millones de euros.

Este razonamiento choca con nuestra intuición porque, normalmente, cuando miramos este crecimiento en el corto plazo, las curvas que representan un crecimiento lineal y exponencial no se diferencian mucho, y es en el momento de coger perspectiva con el tiempo cuando nos damos cuenta de que son completamente diferentes. En el caso de los automóviles eléctricos e inteligentes, su penetración en el mercado será exponencial, igual que lo fue la penetración de los coches de combustión interna frente a los carruajes tirados por caballos a principios del siglo xx, o lo fue la lavadora en los años 60, o el *smartphone* a partir de la presentación

ción del iPhone en 2007... o tantos otros productos disruptivos a lo largo de la historia, que han ido creciendo progresiva y exponencialmente en sus ventas hasta que han inundado el mercado y sustituido a las tecnologías anteriores.

Por otro lado, un factor muy ligado a la idea del crecimiento exponencial: la importancia de ser el primero en llegar a un mercado y desarrollar la tecnología más rápido que los demás. En el caso de Tesla, la presión que sufrió en sus primeros años y, muy especialmente, durante la producción del Model 3, ha hecho que el ritmo de innovación haya sido más rápido que el de su competencia, empresas que se sentían seguras desde su liderazgo en las tecnologías del motor de combustión interna. Esta presión ha hecho que sean dueños de muchas patentes relacionadas con los motores, baterías y *software* que podemos encontrar en sus vehículos. Ahora bien, como la venta de coches eléctricos será exponencial en los años venideros, el hecho de que Tesla lleve ventaja hará que su crecimiento también sea mayor en los próximos años.

En una reciente entrevista al cofundador de Tesla J. B. Straubel, este declaró que, cuando terminaron el desarrollo del Model S, la empresa pensó que, en cuanto saliera al mercado, otros fabricantes con más recursos y acceso a capital empezarían a copiarlo, por ser un vehículo tan perfecto en todos los aspectos. Tenían miedo de no llegar al éxito porque su automóvil se diluyera entre los de otros fabricantes. Pero eso no pasó: nadie copió ese modelo en los siguientes años, no sabemos si por la arrogancia de los fabricantes tradicionales, que miraban a Tesla desde una posición de superioridad; porque, en realidad, no pensaban que el vehículo eléctrico fuera a triunfar; o porque sabían que necesitarían años para ponerse a la altura. A decir verdad, ya no importa el porqué. Algunos de esos fabricantes ya no existirán en una década, otros se fusionarán para conseguir una pequeña cuota de mercado y no desaparecer y la mayoría no se perdonará la falta de visión que tuvieron en el pasado, la cual les costará la posición dominante que han disfrutado durante décadas.

Muchas empresas que empezaron primero y desarrollaron su tecnología más rápido son ahora líderes en sus sectores, y su competencia nunca pudo alcanzarlas, relegada a una segunda posición a mucha distancia del líder. En el mundo de la tecnología podemos encontrar muchos casos de este tipo, como Google (en el mercado de la publicidad *online*), Facebook (como red social también propietaria de otros líderes en sus mercados, Instagram y WhatsApp) o Amazon (en la venta de productos *online*). Todos ellos fueron pioneros y se hicieron con el mercado antes de que su competencia pudiera ponerse a su altura. No es casualidad que estas firmas sean algunas de las más grandes del mundo.

En los próximos años veremos cómo Tesla promociona desde el sector de los vehículos eléctricos hasta situarse como líder en el sector de los vehículos a secas; cómo pasa por encima a Google y Facebook en desarrollos basados en inteligencia artificial y cómo traduce su negocio de producción de baterías en ser una empresa suministradora de energía.

Nos espera un futuro apasionante, lleno de cambios sorprendentes. Algunos hemos intentado plasmarlos en este libro; otros nos tomarán completamente por sorpresa, pero los optimistas como yo estamos seguros de que todos forjarán un mundo mucho mejor en el que la tecnología ayudará a resolver problemas que hoy consideramos irresolubles.

Este libro se terminó de imprimir el día 25 de marzo de 2022. En estos momentos, un Tesla Roadster surca el espacio acercándose a solo 220 millones de kilómetros del sol. Lo conduce Starman. Fue lanzado hace ahora cuatro años, a bordo del cohete Falcon Heavy. En su interior, si el sistema sigue operativo, el *Space Oddity* de Bowie ha sonado ya unas cuatrocientas quince mil veces.